히브리어 핵심 문법 해설

일러두기

1. 2과부터는 매 과마다 새로운 단어가 나타납니다. 구약성경 전체 어휘 중에서 빈도수가 가장 높은 단어들을 우선적으로 실어놓았습니다. 따라서 이 단어들을 우선적으로 암기하기를 추천합니다. 해당 과마다 단어를 암기하기에 도움이 되는 문제들을 온라인상에서 풀 수 있습니다. 링크 주소나 QR코드를 따라가면 반복해서 문제를 풀어볼 수 있습니다. 문제를 다 풀면 맞은 개수가 게시됩니다. 하단에 '다시 하기'와 '틀린 문제만 다시 하기' 단추를 선택하여 전체를 다시 풀어보거나 틀린 문제만 따로 풀어볼 수 있습니다.

2. 각 해당 문법에는 설명과 그에 대한 예시들이 있습니다. 때로 설명이 복잡하여 이해가 어려울 때는 예시를 보면 더욱 쉽게 이해할 수 있습니다.

3. 문법 중 반드시 암기해야 할 내용은 위 1항처럼 문제 풀이를 통하여 학습할 수 있습니다.

4. 각 과에 해당하는 문법을 숙지하기 위한 연습문제가 있습니다. 그리고 그것에 대한 해답이 있고, 그 문제 풀이에 대한 해설 동영상의 링크 주소와 QR코드가 있습니다.

5. 이 책에 대한 저자의 강의 영상은 유튜브 '한국성서학연구소' 채널에서 수강할 수 있습니다.

6. 핵심문법에서 제외된 별도의 내용들이 부록에 수록되어 있습니다.

HEBREW GRAMMAR

히브리어
핵심 문법 해설

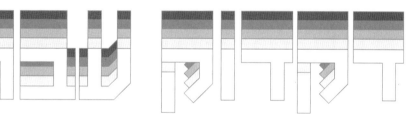

이양묵 · 배정훈 · 서한원 지음

한국성서학연구소
KOREA INSTITUTE OF BIBLICAL STUDIES

추천사

히브리어 문법은 목회자가 되려는 신학생에게 필수적이지만 배우기가 쉽지 않습니다. 자습용 문법책은 너무 설명이 많아 읽기가 쉽지 않고, 수업용은 지나치게 단순히 필수적인 문법만 기술하여 강의를 듣지 않으면 이해하기 어렵습니다.

세 분의 저자가 공동 저술한 『히브리어 핵심 문법 해설』은 이러한 문제점들을 보완한 문법책입니다. 본 문법책은 되도록 문법 설명을 최소한으로 하여 신학생들이 현행 수업 기간인 15주 내에서 히브리어 문법을 배울 수 있도록 구성하였습니다. 그럼에도 독학과 자습을 위해 알아야 할 핵심적인 문법은 모두 기술하였습니다.

아울러 중급 이상의 학습자도 고려하고 있습니다. 책 곳곳에 히브리어 성경을 읽고 해석하기 위한 필수적 문법 설명을 추가하였고, 부록에 일목요연하게 정리하여 히브리어 강독 시간에 참조할 수 있도록 하였습니다.

이처럼 입문자부터 중급자 이상까지 배려한 것은 저자분들의 오랜 연구와 강의의 결과라 생각합니다. 오랫동안 히브리어를 가르치면서 학습자들이 꼭 배워야 할 필수사항을 파악하고 계셨을 뿐 아니라, 문법을 배우면서 겪게 될 난관과 문제점들을 충분히 이해하고 계셨기 때문입니다.

히브리어 문법책은 단지 문법을 정리하는 이상이 되어야 합니다. 오랜 강의를 통해 학습자들의 문제점과 요구사항을 파악하고 이를 문법책에 반영해야 합니다. 또한,

입문할 때부터 핵심적인 문법을 배우게 해 히브리어 성경을 강독할 능력을 배양할
수 있도록 해야 합니다.

이러한 점에서 『히브리어 핵심 문법 해설』을 여러분에게 추천하게 된 것을 기쁘게
생각합니다. 본 문법책은 교수자와 학습자, 양자가 고민하는 문제점과 요구사항을
충분히 해결해 주리라 확신합니다.

윤동녕 | 서울장신대학교 구약학 교수, 한국구약학회 부회장

이 책이 출간되기까지

벅찬 가슴으로 신학교를 입학하니 히브리어가 우리를 기다리고 있었다. 혼신의 힘을 다해 6주를 마치고 나니 진이 빠졌다. 사명감을 가졌던 히브리어 문법과 원전강독 수강자들이 하나둘씩 히브리어와 이별을 했다. 그때 우리 삼총사가 결심했다. 이미 신약 헬라어 교본을 출판해 유명한 서한원, 일찍부터 약동사를 꿰뚫어 히브리어의 경지에 들어선 이양묵, 구약학의 매력에 빠져 히브리어 원전 강독을 열심히 하던 배정훈이다. 이 삼총사가 신학대학원 때부터 결심했다. 히브리어의 장벽을 무너뜨리자. 히브리어를 쉽게 가르치자. 누구나 쉽게 히브리어를 공부하게 돕자.

우리는 그렇게 35년 전에 큰 꿈을 품고 장로회신학대학에서 원어성서연구회를 설립해 누구나 히브리어에 쉽게 접근하게 하려고 노력했다. 책의 초안을 집필해 강의하고, 보완하고 또 보완하며 완성도를 높인 결실로, 마침내 1995년에 『알기 쉬운 새히브리어 교본』이라는 정식 교재를 출간하였다. 원어성서연구회는 이 교재를 중심으로 20개 이상의 원어 강좌를 운영하였고, 전국에서 신학도들이 모여들어 성황을 이루었던 기억을 잊을 수 없다.

이때 강의를 맡았던 분들 가운데 이 책의 공저자 세 명을 비롯해 이중수, 양병구, 라준석, 최원준, 김기영, 주병열, 석인덕, 이전호, 강인구, 김태준, 이창호, 권태구 등 많은 멤버들을 잊을 수 없다. 특히, 서한원 목사는 학생들의 열화같은 호응으로 전국 각지 신학교를 돌며 히브리어와 헬라어를 강의했고, 그 강의가 테이프로 제작되어 출간되기도 했다.

세월이 흘러 삼총사가 담임목회자(이양묵)요, 구약학 교수(배정훈)요, 그리고 영국공인 법률인(서한원)이 되었다. 다시금 『알기 쉬운 새히브리어 교본』을 돌아보니, 이 책이 히브리어 문법을 원리적으로 종합한 히브리어 대개혁(?)이라고 자부하면서도 좀 더 완성도가 있는 책이 필요하다는 생각에 공감하였다. 그래서 삼총사의 마지막 사명은 히브리어 원전 강독을 효과적으로 도울 문법책을 만드는 것인데, 그것은 새로운 문법서가 아니라 『알기 쉬운 새히브리어 교본』을 더 발전시키는 것이라는 확신이 들었다.

그리하여 이스라엘에서 10년을 학업하고 돌아온 이양묵 박사를 중심으로 그동안의 끝없는 연구와 강의의 마침표로서 『히브리어 핵심 문법 해설』을 발간하게 되었다. 이 책의 대부분은 『알기 쉬운 새히브리어 교본』 이후 이양묵 박사의 오랜 강의 경험이 반영된 것이다. 우리의 목표는 히브리어를 처음 대하는 학생들이 짧은 시간에 효과적으로 문법을 마치고 원전을 읽으면서, 도움을 받을 수 있는 책을 제공하는 것이다.

세 저자가 오랜 세월 히브리어를 강의하고, 학생들의 피드백을 받으며 보완하고 또 보완하며 만든 이 교재가 성경을 사랑하는 분들이 히브리어 문법을 효과적으로 익히고, 히브리어 원어로 성경을 읽음으로 성경의 깊은 세계로 들어가 한국의 강단이 변화되는 역사가 이루어지길 바란다.

공동저자

이양묵 | 서울샬롬교회 담임목사, 장신대 히브리어 강사
배정훈 | 장신대 구약학 교수, 한국성서학연구소 소장
서한원 | 목사, 현 영국공인법률인

머리말

본 교재는 짧은 기간에 히브리어 습득을 원하는 입문자 대상으로 만들어졌습니다. 대다수 기존 히브리어 문법 교재들은 한 학기에 습득하기 어려운 내용을 담고 있습니다. 오랫동안 성서 히브리어를 강의하고 이후 학습자들의 동향을 추적해 본 결과, 한 학기의 문법 공부만으로는 성경을 히브리어 원문으로 읽기에 한계가 있습니다. 기초 문법을 공부한 이후에도 부단한 노력을 기울여야만 구약성경을 원문으로 읽고 연구하고 설교와 성경공부에 적용할 수 있는 정도의 실력을 쌓을 수 있습니다.

이러한 현실을 감안할 때 성서 히브리어 공부에도 전략이 필요합니다. 평균적인 학생의 경우도 그렇고, 언어의 재능이 있는 학생이라 하더라도 단기간에 히브리어 문법의 핵심을 먼저 공부한 이후에 정규과정에서 문법을 공부하는 것이 훨씬 효과적입니다.

처음 히브리어를 공부하는 사람은 방대한 히브리어 문법 사항 중에서 무엇이 더 중요하고 핵심적인 것인지 알 수 없습니다. 제한된 시간 속에서 경중을 가리지 않고 공부하는 것은 비효율적입니다. 최대한 많은 본문에 적용되는 포괄적 문법과 빈번하게 나타나는 어휘들을 중심으로 공부하는 것이 훨씬 효율적입니다. 본서는 이러한 전략 속에서 구성된 교재입니다.

문법의 내용 면에서도 학습자들을 배려하였습니다. 첫째, 최대한 문법을 단순화하였습니다. 즉 학습에 소요되는 에너지를 최소화하는 데 역점을 두었습니다. 둘째, 내용을 난이도에 따라 점증적으로 전개하기보다는 항목별로 분류함으로써 각각의 문법 사항을 일목요연하게 볼 수 있게 하였습니다. 셋째, 각 문법 사항에 대한 예시와 충분한 연습문제 제공을 통하여 체득할 수 있도록 구성하였습니다.

본 교재는 혼자서 자습할 수 있도록 고안되었지만 필요하다면 한국성서학연구소에서 무료로 제공하고 있는 필자의 동영상 강의를 열람하는 것도 하나의 좋은 학습법입니다.

본 교재를 통한 학습이 끝난 이후에는 일반 시중에 나와 있는 박미섭의 『성서 히브리어 문법』이나 이영근의 『히브리어 문법 해설』같은 중급 이상의 문법 교재를 통해 더욱 실력을 쌓아가기를 추천합니다. 장기적으로는 본 교재 참고문헌에 실려있는 주옹(Paul Joüon)-무라오카(T. Muraoka) 또는 게제니우스(Wilhelm Gesenius)의 문법책에 수록된 성경구절 색인(index)을 이용하여 꾸준히 실력을 쌓아가는 것을 추천합니다.

출판 과정에서 많은 조언과 아울러 전문가적 교정을 해 주신 한국성서학연구소 전임연구원 김도현 목사님과 히브리어라는 특수성에도 불구하고 멋지게 디자인해 주신 카리스 조현철 대표께 깊은 감사의 마음을 전합니다.

2024년 가을
이양묵, 배정훈, 서한원

차례

기그시 기기기

דקדוק עברי

1과

알파벳
모음
음절
액센트
다게쉬

1. 알파벳(자음)

이름	문자		음가(괄호 안은 연음)		수치 (수가)	의미
	일반형	미형				
알-렢	אָלֶף	א	’	ㅇ	1	소
벹	בֵּית	ב	b(bh)	ㅂ(ㅂㅎ)	2	집
기멜	גִּמֶל	ג	g(gh)	ㄱ(ㄱㅎ)	3	낙타
달렡	דָּלֶת	ד	d(dh)	ㄷ(ㄷㅎ)	4	문
헤	הֵא	ה	h	ㅎ	5	창구멍 또는 격자창?
바브	וָו	ו	w	(ㅂ 순경음)	6	갈고리
자인	זַיִן	ז	z	ㅈ	7	무기
헬	חֵית	ח	ḥ	ㅎ(강한 후음)	8	울타리
텔	טֵית	ט	ṭ	ㅌ(강한 격음)	9	뱀?
요드	יוֹד	י	y	이	10	손(손끝에서 팔꿈치까지)
카프	כַּף	כ	ך	k(kh)	ㅋ(ㅋㅎ)	20	구부린 손
라멛	לָמֶד	ל		l	ㄹ(영어의 L)	30	소몰이 막대기
멤	מֵים	מ	ם	m	ㅁ	40	물
눈	נוּן	נ	ן	n	ㄴ	50	물고기
싸멬	סָמֶד	ס		s	ㅆ	60	지지대
아인	עַיִן	ע		‘	ㅇ(강한 후음)	70	눈(eye)
페	פֵּא, פֵּי	פ	ף	p(ph)	ㅍ(ㅍㅎ)	80	입
차데	צָדֵי	צ	ץ	ṣ	ㅊ	90	낚시바늘?
코프	קוֹף	ק		q	ㅋ(강한 격음)	100	바늘귀 또는 뒷머리?
레쉬	רֵישׁ	ר		r	ㄹ(영어의 R)	200	머리
씬	שִׂין	שׂ		ś	ㅆ	300	이빨(이)
쉰	שִׁין	שׁ		š	쉬	300	이빨(이)
타브	תָּו	ת		t(th)	ㅌ(ㅌㅎ)	400	표시 또는 십자가

○ 히브리어는 페니키아어와 아람어의 문자를 공유한다. 시대적으로는 고문자(paleo He-brew)[1]와 후대의 정방형 서체[2]로 나뉘게 되는데 오늘날 우리가 접하고 있는 '성서 히브리어'는 정방형 서체이다.

○ 히브리어의 알파벳은 원칙적으로 자음이며(단, ה, י, ו는 모음 문자로 사용되기도 한다)[3], 모음은 별도의 기호로 후대에 맛소라 학자들에 의해 만들어 붙여졌다.

○ 히브리어의 알파벳은 일반형과 몇 개의 종형(미형)으로 구성되며 각 알파벳마다 '음가'와 '수가(numeral value)' 그리고 '의미'를 가지고 있다.

○ 알파벳 이름의 초성이 곧 그 철자의 음가가 된다. 예) '벧(ב)'의 음가는 'ㅂ'이다.

○ 목구멍에서 나는 소리를 '후음'이라 하는데 여기에 해당되는 철자로는 א, ה, ח, ע이 있고 ר는 준후음이다.

○ 우리말 발음에서는 구별이 안 되는 알파벳들이 있다. 예를 들면 '카프(ך, כ)'와 '코프(ק)'는 우리말에서 둘 다 'ㅋ'로 음가를 표시할 수 있지만 '코프'는 '카프'보다 강하게 발음되며 입천장 뒤쪽에서 발음된다. '코프'는 종종 경음인 'ㄲ'에 가까운 발음을 하는 경우도 있다. 또한 '텥(ט)'는 '타브(ת)'보다 강한 발음으로 영문으로는 ṭ로 표기하여 '타브'(t)와 구분한다. 그리고 '싸멕(ס)'과 '씬(שׂ)'은 현재로서는 그 음가를 구분할 수 없다. 둘 다 'ㅆ'에 가까운 발음을 한다.

○ 후음들(ח, ה, ע, א) 중에서 '알렢(א)'과 '아인(ע)'은 우리말에서 초성 '이응'에 해당되는 음가를 가지고 있지만 실제로는 '아인'이 '알렢'보다 훨씬 강한 발음이 난다. '아인'은 후두 안쪽 깊은 곳에서 나는 발음이다. 그리고 '헽' 역시 '헤'와 비교할 때 훨씬 강한 발

1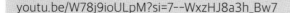

2 אבגדההוזחטיכלמםנסעעפפצקרשת

3 모음 문자로 활용되는 '바브(ו)'는 모음과 결합하여 וֹ(오) 혹은 וּ(우)가 되고, '요드(י)'는 יִ, יֵ(에) 또는 יִ(이)가 되며, '헤(ה)'는 הָ(아)가 된다.

음이 나며 '아인'처럼 후두 깊은 곳에서 나는 발음이다. 히브리어는 받침(종성)으로서의 '이응'은 없다.

알파벳 퀴즈

holyword.org/heb_gram/alphabet_test.html

2. 모음

○ 음가는 로마자로 표기하되 단모음은 단순한 로마자로(예: a), 어조(tone)의 변화에 따라 장단이 변할 수 있는 어조장모음(tone long vowel)은 ā와 같이 표기하고, 어조의 변화와 상관없이 항상 장모임인 순장모음인 경우는 ê와 같이 표기한다. 그리고 온전한 모음이 아닌 반모임(쉐바)인 경우에는 윗첨자 ᵃ와 같이 표기하거나 ă처럼 표기한다.

음길이 구분		1급		2급				3급			
		a		e		i		o		u	
장모음	순장 모음	הָ	â	ֵי	ê	ִי	î	ֹ	ô	וּ	û
		카메츠 헤		체레 요드		히렉 요드		홀렘		슈렉	
	어조장 모음	ָ	ā	ֵ	ē	ִ	ī	ֹ	ō	ֻ	ū
		카메츠		체레		히렉		홀렘		킵부츠	
단모음		ַ	a	ֶ	e	ִ	i	ָ	o	ֻ	u
		파타흐		쎄골		히렉		카메츠 하툽		킵부츠	
반모음 (쉐바)	단순			ְ				ᵉ/ĕ			
	합성	ֲ	ᵃ/ă	ֱ		ᵉ/ĕ		ֳ		ᵒ/ŏ	
		하텝 파타흐		하텝 쎄골				하텝 카메츠			

○ 모음을 가장 단순하게 정리하면 다음과 같다.

   ① 선으로 된 ◌ַ와 ◌ָ는 '아(a)' 음가를 갖는다.

   ② 점 하나인 ◌ִ가 '이(i)' 음가를 갖는 것을 제외하면 자음 아래에 오는 모든 점으로 된 모음은 '에(e)' 음가를 갖는다. ◌ֶ ◌ֵ ◌ְ ◌ֱ

   ③ 한글 초창기 모음을 연상시킬 수 있는 모음도 있다. 자음 위에 오는 점은 '오(ō, ô)' 음가를,[4] 철자 '바브' 가운데 오는 점(וּ)은 '우(û)' 음가를 갖는다. 또한 사선으로 점 세 개로 된 모음(◌ֻ)도 '우(u, ū)'이다.

○ 모음 관련 설명들

   ① '카메츠'와 '체레' 등은 모음의 명칭이다. 순장모음은 모음부호와 모음 문자를 차례로 말하면 그 이름이 된다.

      יֵ 체레 요드

   ② ◌ִ(히렉)과 ◌ֻ(킵부츠)는 액센트 없는 폐음절일 때 단모음이고 그 외의 음절은 장모음이 될 수 있다. 그리고 ◌ָ(카메츠 혹은 카메츠 하툽)은 액센트 없는 폐음절에서만 단모음 /o/(카메츠 하툽)이고 그 이외는 장모음 /ā/(카메츠)이다. 여기에는 하나의 원리가 적용된다. 순장모음이 아닌 경우 <mark>액센트 없는 폐음절은 항상 단모음이어야 한다.</mark> 따라서 ◌ָ의 모음 형태로만 보면 장모음 /ā/일 수도 있고 단모음 /o/일 수도 있으나 이 원칙 때문에 액센트 없는 폐음절인 경우에는 무조건 단모음 /o/일 수밖에 없다.

      חָכְמָה는 마지막 음절에 액센트가 오는데 다음과 같이 음절을 구분할 수 있다.
      חָכְ|מָה(호크마)

   여기서 חָכְ는 액센트가 없는 폐음절이 되어 여기에 오는 모음 ◌ָ는 장모음 '카메츠'가 아니라 단모음 '카메츠 하툽'으로서 '오'의 음가를 갖는다.

   ③ 반모음(쉐바)은 음가를 듣지 못할 만큼 빨리 발음하고 지나간다. 그러나 '에'에 가

---

4 예를 들면 בֹ는 '보', גֹ는 '고', הֹ는 '호'라고 발음한다. 다만 '바브(ו)' 위에 וֹ와 같이 오게 되면 '오'가 된다.

까운 발음을 한다.

דְּבָרִים(dᵉbhārîm)

④ 합성 쉐바(ְ◌, ◌ֱ, ◌ֳ)는 후음인 א, ה, ח, ע 아래에서만 사용된다(가끔 예외가 나타난다).

אֱלֹהִים, חֳלִי

⑤ 성서 본문에는 원래 모음부호가 없었다. 그러나 전승과정에서 모음읽기에 대한 변화가 나타남으로 정확한 전승을 위하여 유대 맛소라(전통) 학자들이 후대에 모음부호를 만들어 첨가하였다. 그래서 이것을 "맛소라 모음부호"라고 부른다. 여기서 다시 티베리아 모음체계와 팔레스타인 모음체계와 바빌론 모음체계로 나뉘게 되는데 결국 티베리아 마소라 모음전승이 주류를 이루게 되었다.

⑥ 홀렘(◌ֹ)이 שׂ 앞에 올 때 홀렘을 표기하지 않기도 한다.

מֹשֶׁה(משֶׁה) = 모쉐

또 홀렘이 שׁ 위에 올 때에도 홀렘을 표기하지 않기도 한다.

שָׁנֶה(שׁנֶה)

⑦ א과 ה는 음절 끝에서는 묵음이 된다.

שָׂנֵא(sānē), גָּלָה(gālā)

3. 음운론(Phonology)

① 음절을 구분할 때, 가능하면 폐음절(자음+모음+자음)로 나눈다. 다만 음절의 시작이 모음이 되는 경우는 지극히 예외적이므로 개음절(자음+모음)로 나눠야 한다.

דְּ/בָ/רִים, חָכְ/מָה

이렇게 음절을 구분하는 이유는 דְּבָרִים의 דְּ의 경우에는 모음이 반모음(semi open syllable)이라서 받침(종성)을 취하여 דְב가 될 수 없을 뿐만 아니라 다음 음절이 모음인 ◌ְ로 시작되기 때문에 불가능하다. 그리고 בְ도 개음절로 끊어야 하는 이유는 בְּר까지 하나의 폐음절로 보는 경우 יִ라는 모음으로 새로운 음절이 시작되기 때문에 불가능하다. 반면에 חָכְמָה의 חָכְ는 כְ의 '쉐바'를 무성 쉐바로서 어떤 음가도 지니지 않은 표시로 볼 수 있고, 다음 음절이 מ이라는 자음으로 시작되기 때문에 폐음절(자음+모음+자음)인 חָכְ로 음절을 구분할 수 있다.

② 모음이 음절 처음에 오는 경우는 극히 예외적이다.

예외적인 예: וּמֶלֶךְ(ûmelekh) '그리고 왕'

그러므로 음절을 구분할 때 새로운 음절이 모음으로 시작되는 상황은 거의 일어나지 않는다.

③ 유성 쉐바가 연속해서 오는 경우, 앞의 유성 쉐바는 단모음으로 바뀐다. 단순 유성 쉐바가 오는 경우에는 앞의 유성 쉐바는 '히렉'이라는 단모음으로 바뀐다.

בְּדְבָרִים > בִּדְבָרִים

단, 뒤에 오는 유성 쉐바가 합성(하텝) 쉐바일 경우에는 합성 쉐바의 음가와 동질의 단모음으로 변한다.

לְאֲרִי > לַאֲרִי

④ 액센트는 대부분 마지막 음절(ultima)에 있다. 그러나 동사에서는 예외적인 경우가 많다.

⑤ 액센트 없는 폐음절은 단모음이 오는 경우가 일반적이다.

חָכְ/מָה, קְ/טַלְ/תֶּם

여기서 חָכְ는 액센트 없는 폐음절이므로 두 가지 가능성을 가진 ◌ָ는 장모음 '아'가 아니라 단모음 '오'로 읽는다.

다만 순장모음은 액센트 없는 폐음절이라 하더라도 항상 장모음 상태를 유지한다.

⑥ 액센트 바로 앞의 개음절은 장모음인 경우가 일반적이지만 액센트에서 더 멀어지는 개음절은 유성 쉐바로 변한다.

קָ/טְ/לֵ֫/תֶם

⑦ 후음(ח, ה, ע, א)의 모음이 유성 쉐바인 경우에 단순 쉐바가 아닌 합성 쉐바가 온다.

חֲ, אֱ, עֲ

4. 다게쉬(דָּגֵשׁ)

'다게쉬'는 히브리어로 '강조'라는 뜻을 가지고 있는데 음운론에서는 자음의 발음을 강하게 하거나(dagesh lene) 이중 발음(dagesh forte)을 한다는 의미로 사용된다.

히브리어 용어로는 דגש חלש(다게쉬 할라쉬, 연강점)와 דגש חזק(다게쉬 하작, 경강점)로 불린다. 우리 말에서는 다양한 용어로 불리고 있는데 편의상 연강점(dagesh lene)과 경강점(dagesh forte)으로 칭하기로 한다.

1) 연강점(dagesh lene)

발음을 강하게 해 주는 연강점(dagesh lene)은 여섯 개의 철자로 제한되어 있다.

즉 בגדכפת(베가드케파트)가 그것이다. 이 여섯 개의 철자 외에 다른 모든 다게쉬는 경강점(dagesh forte)이다. 즉 그 철자가 두 개라는 의미이다.

'베가드케파트' 문자에 연강점(dagesh lene)이 없으면 부드럽게 발음을 한다는 의미에서 음역할 때 h를 더 하여 bh, gh, dh, kh, ph, th와 같이 표기해 준다.

דָּבָר는 dābhār로 음역한다.

이 단어에서 두 개의 '베가드케파트' 문자 중 첫째는 연강점(dagesh lene)이 있지만 둘째는 연강점(dagesh lene)이 없다. 이유는 모음 뒤에 베가드케파트 문자가 올 때는 부드

럽게 발음될 수밖에 없기 때문이다.

2) 경강점(dagesh forte)

① 경강점이란 같은 자음이 둘이라는 것이다. 다만 두 개의 자음 중 앞선 자음에는 모음이 없는 무성 쉐바가 와야 한다. 예를 들면 קְטֵל을 풀면 קְטְטֵל이 되는데 이 두 개의 ט 중 앞선 טְ는 모음음가를 갖지 못한 폐음절(קְט)의 받침(종성)으로서 무성 쉐바이다. 이럴 경우에는 모음을 갖지 못한 자음(טְ)을 다음에 오는 자음(טֵ)에 경강점을 찍어주고(טֵּ) 생략한다. 즉 טְ는 생략되고 קְטֵּל로 표기한다. 이때 발음은 연강점보다 더 강하게 발음된다. 우리말로 음역할 때는 두 개의 연속되는 자음 중 첫째는 받침(종성)이 되고 둘째는 다음 음절의 초성이 된다. 즉 '킽텔'이 된다.

② 후음(ר, ח, ה, ע, א)을 제외한 다른 모든 철자에는 경강점이 올 수 있다. 결국 '베가드케파트 문자'에도 경강점이 올 수 있다. 이때에 경강점이 연강점보다 우선한다.

예) דִּבֶּר에서 בּ에 오는 강점은 연강점이 아니라 경강점이다. 왜냐하면 בּ가 '히렉'이라는 모음 뒤에 오기 때문에 연강점은 올 수 없다. 그러나 이것을 풀어쓰면 דִּבְבֵר가 되는데, 연강점이 없는 무성 쉐바를 가진 בְ가 뒤에 오는 연강점을 가진 בֵ에 동화되었다고 볼 수 있다. 그래서 음역하면 dibhbēr이다.

1과 연습문제

1. 다음 히브리어 알파벳의 이름을 말하고 음가를 쓰시오.

(5) גֹּנֵב   (4) עִיר   (3) יָרַד   (2) דָּבָר   (1) בַּיִת

(10) הַחֹשֶׁךְ   (9) גָּדוֹל   (8) אֶרֶץ   (7) מֶלֶךְ   (6) זָקֵן

(15) זָקֵן   (14) רוּחַ   (13) הֶבֶל   (12) חָכָם   (11) קֶצֶף

(20) עַיִן   (19) סֵפֶר   (18) נָתַן   (17) כֹּהֵן   (16) טוֹב

(25) תֶּרַח   (24) שֹׂר   (23) רֹאשׁ   (22) צְדָקָה   (21) פֶּה

2. 다음 단어의 음가를 쓰시오(음역하시오).

(4) אֵם   (3) שׁוֹם   (2) עַל   (1) יָד

(8) עִיר   (7) צָרָה   (6) בְּךָ   (5) עֶבֶד

(12) דִּבֶּר   (11) קָם   (10) אֲשֶׁר   (9) אֹכֶל

(16) שָׁמַע   (15) בִּימֵי דָוִד   (14) בְּעֵינֶיךָ   (13) חָכְמָה

3. 다음 음가를 히브리어로 쓰시오.

(1) kōhēn   (2) yôm   (3) melekh   (4) ’ereṣ   (5) har   (6) gādhôl

(7) ḥ°lî   (8) sûsâ   (9) d°bhārîm   (10) śûm   (11) zāqēn   (12) y°rûšālayim

4. 다음 단어를 보기와 같이 음절을 구분하시오.

(보기) דְּ|בָ|רִים, הַקְּ|טִיל, יִשְׂ|רָ|אֵל

(3) אֱלֹהִים   (2) עָשִׂיתִי   (1) עָשָׂה

(6) שָׁמַיִם   (5) מֶרְחָק   (4) חֳלִי

(9) קְטַלְתֶּם   (8) מִצְרַיִם   (7) לָאֲנָשִׁים

(12) סוּסֵי הַמַּלְאָךְ   (11) דְּבַר־הַמֶּלֶךְ   (10) הַבְדִּיל

(15) הֶעֱמִיד   (14) הָעֳמַד   (13) הַקְטֵל

연습문제 해답

1과 연습문제 해설
youtu.be/sxPfQzw56HM?si=ZW4mgSUZDu2CXdZg

1.

(1) 벧 요드 타브, byth (2) 달렡 벧 레쉬, dbhr (3) 요드 레쉬 달렡, yrdh (4) 아인 요드 레쉬, 'yr (5) 기멜 눈 벧, gnbh (6) 자인 코프 눈, zqn (7) 멤 라멛 카프, mlkh (8) 알렢 레쉬 차데, 'rṣ (9) 기멜 달렡 바브 라멛, gdhwl (10) 헤 헽 쉰 카프, hḥškh (11) 코프 차데 페, qṣph (12) 헽 카프 멤, ḥkhm (13) 헤 벧 라멛, hbhl (14) 레쉬 바브 헽, rwḥ (15) 자인 코프 눈, zqn (16) 텥 바브 벧, ṭwbh (17) 카프 헤 눈, khn (18) 눈 타브 눈, nthn (19) 싸멬 페 레쉬, sphr (20) 아인 요드 눈, 'yn (21) 페 헤, ph (22) 차데 달렡 코프 헤, ṣdhqh (23) 레쉬 알렢 쉰, r'š (24) 씬 레쉬, śr (25) 타브 레쉬 헽, trḥ

2.

(1) yādh (2) 'al (3) śûm (4) 'ēm (5) ʰbhōdh (6) bᵉkhā (7) ṣārâ (8) 'îr (9) 'ᵉkhōl (10) 'ᵃšer (11) qum (12) dᵉbhar (13) ḥokhmâ (14) bᵉ'ênêkhā (15) bîmê dhāwîdh (16) šāma'

3.

(1) כֹּהֵן (2) יוֹם (3) מֶלֶךְ (4) אֶרֶץ (5) הַר (6) גָּדוֹל (7) חֲלִי (8) סוּסָה (9) דְּבָרִים (10) שׂוּם (11) זָקֵן (12) יְרוּשָׁלַיִם

4.

(1) עָשָׂה (2) עֲשִׂיתִי (3) אֱלֹהִים (4) חֲלִי (5) מֶרְחָק (6) שָׁמַיִם (7) לָאֲנָשִׁים (8) מִצְרַיִם (9) קְטַלְתֶּם (10) הַבְדִּיל (11) דִּבְרֵי־הַמֶּלֶךְ (12) סוּסֵי הַמֶּלֶךְ (13) הַקְּטֹל (14) הֶעֱמַד (15) הֶעֱמִיד

2과

정관사
접속사
전치사
형용사
문장의 형식

[단어]

כֹּהֵן	제사장	אֶרֶץ	땅	אוֹר	빛
יוֹם	날, 낮	חֹשֶׁךְ	어두움	עַם	백성
בֵּן	아들, 자손	הַר	산, 언덕	גָּדוֹל	큰, 위대한
מֶלֶךְ	왕	חָכָם	지혜로운	אָמַר	말하다
אֱלֹהִים	하나님	לִפְנֵי	~앞에	עַל	~위에
מַיִם	물	שָׁמַיִם	하늘	טוֹב	좋은, 선한
אִישׁ	남자, 남편, 대장부	מֹשֶׁה	모세	אִשָּׁה	여자, 아내
עִיר	성, 도시	רַע, רָע	악한, 나쁜	פַּרְעֹה	바로, 이집트왕
מִצְרַיִם	이집트, 애굽	דָּבָר	말씀, 말, 사건, 물건	רֹאשׁ	머리
חֶסֶד	사랑, 인애	עָמָל	어려운 일, 수고	חֳלִי	질병
וְ	그리고	קוֹל	소리, 음성	כְּלִי	그릇, 용기, 무기
מָקוֹם	장소	פָּנִים	얼굴	בַּת	딸
אֱמֶת	진리	אֲרִי	사자	בְּ	~안에, 할 때에, 의하여
כְּ	~처럼, 같이, 에 따라	לְ	~에게, 위하여, ~하도록	מִן	~로부터, 때문에, 보다 더, 중에서
אֶל־	~에게, 향하여, 으로	אֶת־	~을, 와 함께	בּוֹא, בָּא	오다, 가다, 들어가다
יְהוּדָה	유다	עֵץ	나무	סוּס	숫말
לֹא	아니다(not)	שָׁמַע	듣다	יָד	손, 능력, 기념
בְּרִית	계약, 언약	חוּץ	밖으로	יִשְׂרָאֵל	이스라엘

2과 단어 퀴즈
http://holyword.org/heb_gram/words_2.html

1. 정관사(the article)

○ 히브리어에는 정관사만 있고 부정관사는 없다. 즉 정관사가 없는 경우에 부정관사가 있다고 취급한다.

○ 정관사의 기본형은 ◌ַה 이지만 정관사 다음에 오는 철자가 후음인 경우 변화를 일으킨다.
   ① 후음이 오는 경우 정관사의 파타흐가 장모음 카메츠로 길어진다.

   הָאָרֶץ

   ② 정관사 바로 다음에 오는 단어의 첫 번째 철자가 ה나 ח가 올 때는 '경강점'을 찍어 주지도 않고 모음 보상도 해 주지 않는다.

   הַהֵיכָל '그 성전'

   ③ 후음인 아인(ע)과 헤(ה)와 헽(ח)가 오는 경우에는 쎄골이 오기도 한다.

   הֶעָמָל, הֶהָרִים, הֶחֳלִי, הֶחָג

○ 결론적으로 정관사의 형태는 다음 네 가지 형태로 나타날 수 있다.

   הֶ, הָ, הַ, ◌ַה

○ 또한 정관사의 변형은 결합하는 단어의 첫째 철자가 후음인 경우에만 나타나며, 구약 성경 전체에서 ה로 시작되는 어구의 80% 이상은 정관사이다. 즉 ה로 시작되는 어구는 동사를 제외한 경우 대부분이 정관사이다.

2. 접속사 וְ

○ 히브리어에서 가장 빈번하게 나타나는 접속사는 וְ이다.

○ 이 접속사는 문맥에 따라 다양하게 번역될 수 있다. 예) 그리고, 그런데, 그래서…

○ 히브리어 철자 '바브(וֹ)'로 시작되는 구절 99.99% 이상은 접속사 וְ이다. 다만 아래와 같이 상황에 따라 다양한 형태의 모음을 가질 수 있다. 아래 사항을 암기하기 싫으면 '바브'로 시작되는 경우 무조건 접속사로 보면 된다.

① '합성(하텝) 쉐바' 앞에서는 그와 상응하는 단모음으로 바뀐다.

וַאֲנִי '그리고 나는', חֶסֶד וֶאֱמֶת '인애와 신실함'

② אֱלֹהִים과 같이 접속사 다음 단어의 첫 자음이 '알렢'이면서 모음이 '합성 쉐바'인 경우는 알렢이 묵음이 되면서 접속사의 모음이 '체레'로 장모음화 된다. 즉 다음과 같은 변화과정을 거친다.

וֶאֱלֹהִים > וֵאֱלֹהִים > וֵאלֹהִים(실제로 본문에 나타나는 형태)

③ 단순 쉐바 앞에서 וְ가[5] 아니라 וּ가 된다.

וּדְבָרִים '그리고 말씀들', וּשְׁמַרְתֶּם '그리고 너희가 지킬 것이다'

④ 또한 순음(וֹ, מ, פ, ב) 앞에서도 וּ가 된다.

וּבֵן '그리고 한 아들', וּפָרָה '그리고 한 암소'

⑤ 모음이 유성 쉐바인 '요드' 앞에서는 접속사의 모음이 '히렉'이 된다. 결과적으로 '히렉 요드'라고 하는 순장모음 형태가 된다.

וִימֵי가 וִימֵי으로 변한다.

⑥ 액센트 앞에서는 종종 '카메츠'가 된다.

טוֹב וָרָע '선과 악', יוֹם וָלַיְלָה '낮과 밤'

---

5 일반적으로 단순 유성 쉐바(ְ)가 연속되는 경우, 첫째 유성 쉐바는 '히렉'으로 변한다. 즉 ִ ְ

3. 전치사(the propositions)

○ 히브리어의 대표적인 비분리 전치사는 다음과 같다.

בְּ 'in, by, with'(장소와 시간과 도구)

כְּ 'as, like'

לְ 'to, at, for'(여격, 동사의 to부정사와 같은 기능)

① 다음에 오는 단어의 첫째 모음이 단순 쉐바인 경우 전치사의 모음이 '히렉'이 된다.

בִּלְבַב(< בְּ+לְבַב) '~의 마음에', לִיהוּדָה(< לְ+יְהוּדָה < לְ+יְהוּדָה) '유다에게'
(첫째 자음이 '요드'인 경우 전치사의 모음 '히렉'과 함께 '히렉 요드'라는 순장모음
처럼 됨)

② 합성 쉐바 앞에서는 합성 쉐바에 상응하는 단모음으로 바뀐다.

כַּאֲרִי > כְּ+אֲרִי '사자처럼', לֶאֱכֹל > לְ+אֱכֹל '먹도록, 먹기 위하여'

하지만 종종 '알렢'이 묵음이 되면서 전치사의 모음이 장모음화 되는 경우가 있다.

כֵאלֹהִים '하나님처럼', לֵאמֹר '~라고 말하여'[6]

③ 액센트 앞에서(pretone) 전치사의 모음이 종종 '카메츠'가 된다. 이런 현상은 다른
경우에도 나타나는 일반적 현상이다(pretonic qamets).

לְמַיִם > לְ+מַיִם 'to water'

④ 정관사를 가진 단어와 전치사가 결합할 때는 정관사의 자음 '헤(ה)'가 약하고 전
치사의 모음 '쉐바'가 약하기 때문에 약한 것들이 사라지고 강한 것들, 즉 정관사
의 모음과 전치사의 자음만 남는다.

---

6 실제 문장에서 이 표현은 직접화법을 이끄는 표현이다. 그래서 '말하기를'으로 번역할 수 있다. 이어지는
문장은 직접화법이다. הִגִּיד הָאָדָם לֵאלֹהִים לֵאמֹר: אֲנִי לֹא יָדַע אֹתָהּ: "아담이 하나님께 말하였다. 이
르기를, '나는 그녀를 모릅니다'라고 하였다."

בַּשָּׁמַיִם > בְּהַשָּׁמַיִם > בְּ+הַשָּׁמַיִם '그 하늘에서'

לָעָם > לְהָעָם > לְ+הָעָם '그 백성에게'

⑤ 대명사와 결합하는 비분리 전치사는 대명사의 어미형태와 결합한다.

לִי, לְךָ, לָךְ, לוֹ, לָהּ, לָנוּ, לָכֶם, לָכֶן, לָהֶם, לָהֶן

בְּ는 전치사 לְ와 거의 유사하지만 3인칭 복수 남성이 בָּם이다.

כְּ는 시문형태인 כְּמוֹ가 주로 나타난다.

כָּמוֹנִי, כָּמוֹךָ, כָּמוֹךְ, כָּמוֹהָ, כָּמוֹהוּ, כָּמוֹנוּ, כָּכֶם, כָּהֶם

⑥ 전치사 מִן의 형태: '~로부터'라는 의미로 사용되며, 일반적으로 비분리 전치사로 사용된다.

- 발음상 약한 철자인 '눈(נ)'이 다음 단어의 첫째 철자에 동화되어 '경강점'으로 흔적을 남긴다.

מִמַּיִם(מִמַּיִם > מִן־מַיִם > מִמַּיִם) '물로부터'

- 후음 앞에 올 때 단모음인 מִן의 '히렉'이 '체레'(◌ֵ)로 장모음화 된다. 이것은 후음에 경강점이 올 수 없는 것에 대한 모음보상의 성격을 갖는다.

מֵעֵץ(מֵעֵץ > מִן־עֵץ > מֵעֵץ) '나무로부터'

경우에 따라서는 장모음화 되지 않을 수도 있다. 특히 ח는 '잠재적 경강점(dagesh forte implicitum)'의 법칙에 따라 경감점도 오지 않고 모음보상도 하지 않음으로 이런 현상이 나타난다.

מִחוּץ '~밖에서'

- 정관사(ה) 앞에서 위의 경우처럼 일반적인 후음 앞에서 '체레'로 장모음화 되거나, 더 빈번하게 '마켑(־)'과 함께 독립적인 전치사로 나타난다.

מִן־הָעֵץ 혹은 מֵהָעֵץ '그 나무로부터'. 후자의 형태는 시문에서 일반적이다.

- 대명사 접미어와 더불어 나타날 때는 다음과 같다.

  결과적으로 단수 3인칭 남성과 복수 1인칭 공성이 형태가 똑같다. 그리고 복수 2, 3인칭을 제외하고 '멤(מ)'이 중복된다는 사실에 유념해야 한다.

  단수 – מִמֶּנָּה, מִמֶּנּוּ, מִמֵּךְ, מִמְּךָ, מִמֶּנִּי (왼쪽부터 1인칭 공성, 2인칭 남성, 2인칭 여성, 3인칭 남성, 3인칭 여성)

  복수 – מֵהֶם, מִכֶּם, מִמֶּנּוּ

⑦ מִן의 용법

- 장소: 예) בָּא מִן־הַהֵיכָל '그가 그 성전으로부터 왔다.'
- 시간: 예) מִן־הַיּוֹם הַשְּׁבִיעִי '일곱 번째 날부터', 즉 '일곱 번째 날 이후로'
- 부분: 예) יָצְאוּ מִן־הָעָם '그 백성 중 (몇몇)이 나왔다.'
- 원인: 예) מִן־הַקּוֹל אֲשֶׁר שָׁמַע '그가 들었던 음성 때문에'
- 결여: 예) מִגְּבוּרָה '힘없이'
- 비교: 예) הוּא טוֹב מִמְּךָ '그는 너보다 선하다.'
- מִקָּטֹן וְעַד־גָּדוֹל (문자역) '작은 것에서 큰 것까지', 즉 '큰 자나 작은 자나 모두'

○ 히브리어의 대표적인 독립 전치사는 다음과 같다.

אַחַר	~뒤에, ~다음에	עַל	~위에, ~에 대항하여
בֵּין	~사이에	אֶל	~에게, ~을 향하여
נֶגֶד	~반대에, ~상응하는	עִם	~와 함께
עַד	~까지	תַּחַת	~아래에, ~을 대신하여
לִפְנֵי	~앞에	בְּלִי	~없이
לְמַעַן	~을 (하기) 위하여	מִן	(비분리도 나타남) ~로부터, ~보다(비교급)

4. 명사의 성수 변화

O 히브리어의 명사는 성과 수에 따른 특징을 가지고 있다.

① 기본형은 남성 단수이다.

סוּס '숫말', אִישׁ '남자'

② 여성형들 중에는 여성형 접미어 ָה가 남성형 명사에 접미되는 경우가 많다.

סוּסָה '암말', אִשָּׁה '여자'

④ 여성 복수 접미어는 וֹת이다.

סוּסוֹת '암말들', בָּנוֹת '딸들'

⑤ 남성과 여성의 쌍수에 관해서는 명사편에서 다루기로 한다.

⑥ 명사 סוּס를 기준으로 성과 수의 변화를 표로 정리하면 다음과 같다.

	남성	여성
단수	סוּס	סוּסָה
복수	סוּסִים	סוּסוֹת
쌍수	סוּסִים	סוּסָתַיִם

5. 형용사

O 히브리어의 형용사는 세 가지 용법이 있다.

① 명사를 수식하는 형용사적 용법

דָּבָר טוֹב '한 좋은 말씀', הַדָּבָר הַטּוֹב '그 선한 말씀'

② 연계사(copula, 영어의 be동사) 없는 명사문장의 술어

הַדָּבָר טוֹב "그 말씀은 좋다."

③ 명사적 용법

אָמַר הַטּוֹב "그 선한 사람이 말했다."

○ 히브리어의 형용사는 수식하는 명사와 성수 일치해야 하고, 술어로서 주어와 성수 일치
해야 한다.

סוּסִים טוֹבִים '좋은 숫말들', טוֹבוֹת הַסּוּסוֹת "그 암말들은 좋다."

○ 쌍수 명사를 수식하거나 주어가 쌍수인 술어로 사용될 때 형용사는 복수형태를 사용한다.

הַיָּדַיִם הַטּוֹבוֹת '그 좋은 두 손', טוֹבִים הַסּוּסַיִם "그 두 숫말은 좋다."

6. 문장의 종류

○ 히브리어에는 두 가지 종류의 문장 형태가 있다.

① 동사 문장(verbal sentence): 이 문장은 술어(predicate)가 정동사(finite verb)이다.

בָּכָה הַמַּלְאָךְ "그 천사가 울었다."

② 명사 문장(nominal sentence): 이 문장은 술어가 정동사가 아닌 다른 것들, 예를 들
면 명사, 형용사, 분사 등과 같은 품사들이다.

אַתָּה אֱלֹהִים "당신은 하나님이십니다.", אֱלֹהִים טוֹב "하나님은 선하십니다."

히브리어에서는 영어의 'be동사'와 같은 연계사(copula) 없이도 완벽한 문장이 될
수 있다. 보통 명사 문장은 '~이다'와 같은 연계사를 필요로 하지만 '당신'이라는
주어와 '하나님'이라는 보어를 연계해 주는 연계사 '~이다'가 없어도 된다.

○ 문장의 순서
  ① 동사 문장: 일반적으로 동사가 먼저 오고 주어가 나중에 온다.

  קָרָא הַמַּלְאָךְ "그 천사가 불렀다."

  그러나 주어를 강조한 때는 주어가 먼저 온다

  וְהָאִישׁ אָמַר "그런데 그 사람이 말했다."

  ② 명사 문장: 일반적으로 주어가 먼저 오고 술어가 뒤에 온다.

  יהוה מַלְכֵּנוּ "여호와(야웨)는 우리의 왕이시다."

  그러나 술어를 강조할 때는 술어가 먼저 올 수 있다.

  עָפָר אַתָּה "당신은 먼지일 뿐이다."

  또한 술어가 형용사인 경우에도 명사 문장이라 할지라도 주어보다 술어가 먼저 오는 경우가 많다.

  צַדִּיק אַתָּה יהוה "당신은 의로우십니다. 여호와(야웨)여!"

○ 인칭대명사(personal pronoun) 3인칭이 동반되는 문장
  ① 술어(predicate) 다음에 오는 경우: 성(sex)과 수(number)가 주어와 일치한다.

  הָעָם חָכָם הוּא "그 백성은 지혜롭다."

  인칭대명사가 주어의 성과 수와 같이 남성, 단수인 הוּא이다. 이 인칭대명사는 영어의 be동사와 같이 연계사와 같은 기능을 하는 것처럼 보인다. 즉 강조의 의미는 없고 단순하게 주어와 술어를 연결하는 기능을 한다.
  ② 주어(subject)와 술어(predicate) 사이에 오는 경우: 재론(resumptive)을 통한 강조의 효과가 있다. 이 경우에는 인칭대명사가 술어 앞에 온다.

  יהוה הוּא הָאֱלֹהִים "여호와(야웨), 그 분이 바로 하나님이시다."

2과 연습문제

1. 다음을 우리말로 번역하시오.

(1) הַיּוֹם   (2) הַבֵּן   (3) הַמֶּלֶךְ   (4) הָאָרֶץ

(5) הָאוֹר   (6) הַחֹשֶׁךְ   (7) הָעָם   (8) הָהָר

(9) כְּעָם   (10) לְחֹשֶׁךְ   (11) לְעָם   (12) כַּמֶּלֶךְ

(13) אוֹר גָּדוֹל   (14) הַכֹּהֵן הַגָּדוֹל   (15) הַמֶּלֶךְ חָכָם   (16) חָכָם הַבֵּן

(17) אָמַר אֱלֹהִים

(18) חָכָם הַמֶּלֶךְ לִפְנֵי אֱלֹהִים:

(19) אָמַר אֱלֹהִים לַמֶּלֶךְ בַּיּוֹם:

(20) גָּדוֹל הַחֹשֶׁךְ עַל־הַמַּיִם:

(21) הָאוֹר עַל־הַשָּׁמַיִם טוֹב:

(22) טוֹב הָאִישׁ

(23) גָּדוֹל הַמֶּלֶךְ כְּמֹשֶׁה:

(24) מִכֹּהֵן

(25) מִן הַכֹּהֵן

(26) בָּא הָאִישׁ מִיהוּדָה:

(27) אָמְרָה הָאִשָּׁה הַטּוֹבָה בָּעִיר:

(28) בָּא הַמֶּלֶךְ הָרָע כְּפַרְעֹה מִמִּצְרַיִם:

연습문제 해답

2과 연습문제 해설

https://youtu.be/c8KFEV47yP8?si=6Ub6rYj4l8E7SYkW

(1) 그 날(낮) (2) 그 아들(자손) (3) 그 왕 (4) 그 땅 (5) 그 빛 (6) 그 어둠 (7) 그 백성 (8) 그 산 (9) 백성처럼 (10) 어둠에 대하여 (11) 그 백성에게(위하여) (12) 그 왕처럼 (13) 큰 빛 (14) 그 대제사장 (15) 그 왕은 지혜롭다 (16) 그 아들은 지혜롭다 (17) 하나님이 말씀하셨다 (18) 그 왕이 하나님 앞에서 지혜롭다 (19) 하나님이 그 날에 그 왕에게 말씀하셨다 (20) 그 어둠이 그 물 위에 크다(심하다) (21) 그 하늘 위에 있는 그 빛이 좋다 (22) 그 사람(남자, 남편)이 선하다 (23) 그 왕이 모세처럼 크다 (24) 제사장보다(으로부터) (25) 그 제사장보다(으로부터) (26) 그 사람이 유다에서 왔다 (27) 그 선한 여자가 그 성에서 말하였다 (28) 그 악한 왕이 파라오처럼 이집트로부터 왔다 or 파라오 같은 그 악한 왕이 이집트로부터 왔다.

3과

인칭대명사
인칭어미
지시대명사
의문대명사
관계사

[단어]

דָּוִד	다윗	עָשָׂה	행하다, 만들다	אָב	아버지
אֵת	~을, 와 함께	אָהַב	사랑하다	יָשַׁב	앉다, 거주하다
תּוֹרָה	율법, 토라	אָדָם	사람, 아담	לָקַח	취하다(take)
בָּרָא	창조하다	אֲשֶׁר	(관계사) which, that, who	מֶלֶךְ	왕, 임금
הָלַךְ	가다, 걷다, 행하다	עִיר	성, 성읍	יָד	손, 능력, 기념, ~의 편
רָאָה	보다	שׁוּב	돌아오다(회개하다)	שָׁנָה	해, 년
שָׁמַע	듣다, 청종하다	לִפְנֵי	(전) ~앞에, ~전에	אָדוֹן	주인
מוּת	죽다	אִשָּׁה	여자, 아내	נֶפֶשׁ	생명, 영혼, 존재
עֶבֶד	종(servant)	עַיִן	눈(eye), 샘(fountain)	גַּם	(부) 또한, 조차도
יָדַע	알다, 경험하다	עָלָה	올라가다	שָׁם	(부) 거기, 거기에

3과 단어 퀴즈
holyword.org/heb_gram/words_3.html

1. 인칭대명사[7]

	단수		접미요소	복수		접미요소
1인칭	אָנֹכִי, אֲנִי	나	נִי, כִי, יֹ	אֲנַחְנוּ	우리	נוּ
2인칭	אַתָּה	너(남자)	ךָ, ָךְ, ךְ	אַתֶּם	너희들(남자)	כֶם, תֶּם
	אַתְּ	너(여자)	ךְ, ָךְ, ךְ	אַתֵּן	너희들(여자)	כֶן, תֶּן

---

7 인칭대명사를 서두에 소개하는 이유는 적용 범위가 넓기 때문이다. 이 인칭대명사는 동사의 목적격 접미어, 명사의 소유격 접미어, 동사의 인칭 어미 등 다양한 형태로 변형되어 사용된다.

	단수		접미요소	복수		접미요소
3인칭	הוּא	그(남자)	וֹ, הוּ	הֵם	그들(남자)	ס, הֶם
	הִיא	그(여자)	ה, הָ	הֵנָּה	그들(여자)	ן, הֶן

○ 독립적인 '인칭대명사'는 주어(주격)로 사용된다. 그러나 동사나 명사에 접미되는 인칭대명사 '접미요소'는 동사의 주어, 명사의 소유격, 동사의 목적격 인칭대명사로 사용된다.

인칭대명사 퀴즈
holyword.org/heb_gram/3_pronoun.html

2. 인칭대명사 접미어: 명사에 접미된 소유격 예) מַלְכִּי '나의 왕'

	성, 수	단수 명사에 접미	복수 명사에 접미
단수	1인칭, 공성, (1. c. s.) '나의'	ִי	ַי
	2인칭, 남성, (2. m. s.) '너의'	ְךָ	ֶיךָ
	2인칭, 여성, (2. f. s.) '너의'	ֵךְ	ַיִךְ
	3인칭, 남성, (3. m. s.) '그의'	וֹ	ָיו
	3인칭, 여성, (3. f. s.) '그녀의'	ָהּ	ֶיהָ
복수	1인칭, 공성, (1. c. pl.) '우리의'	ֵנוּ	ֵינוּ
	2인칭, 남성, (2. m. pl.) '너희들의'	ְכֶם	ֵיכֶם
	2인칭, 여성, (2. f. pl.) '너희들의'	ְכֶן	ֵיכֶן
	3인칭, 남성, (3. m. pl.) '그들의'	ָם	ֵיהֶם
	3인칭, 여성, (3. f. pl.) '그녀들의'	ָן	ֵיהֶן

○ 명사와 접미어를 연결하는 보조모음 ְ와 같은 '쉐바'는 유성 쉐바이다. 따라서 접미어의 '카프(ךְ, כ)'가 '베가드케파트' 문자이지만 '연강점(dagesh lene)'이 생략된다.

○ 인칭대명사 접미어의 실제 예

	성, 수	דָּבָר	דְּבָרִים
단수	1인칭, 공성, (1. c. s.) '나의'	דְּבָרִי	דְּבָרַי
	2인칭, 남성, (2. m. s.) '너의'	דְּבָרְךָ	דְּבָרֶיךָ
	2인칭, 여성, (2. f. s.) '너의'	דְּבָרֵךְ	דְּבָרַיִךְ
	3인칭, 남성, (3. m. s.) '그의'	דְּבָרוֹ	דְּבָרָיו
	3인칭, 여성, (3. f. s.) '그녀의'	דְּבָרָהּ	דְּבָרֶיהָ
복수	1인칭, 공성, (1. c. pl.) '우리의'	דְּבָרֵנוּ	דְּבָרֵינוּ
	2인칭, 남성, (2. m. pl.) '너희들의'	דְּבַרְכֶם	דִּבְרֵיכֶם
	2인칭, 여성, (2. f. pl.) '너희들의'	דְּבַרְכֶן	דִּבְרֵיכֶן
	3인칭, 남성, (3. m. pl.) '그들의'	דְּבָרָם	דִּבְרֵיהֶם
	3인칭, 여성, (3. f. pl.) '그녀들의'	דְּבָרָן	דִּבְרֵיהֶן

○ 복수 명사에 접미되는 3인칭 남성 단수(ָיו)의 발음은 '아브'이다.

○ 복수 명사에 접미되는 1인칭 공성 단수의 특징이 ַי('나의 ~들')이라는 사실에 유의해야 한다. 즉, 모음이 '파타흐'라는 사실을 기억해야 한다. 단수 명사에 1인칭 공성 단수가 접미될 때는 ִי이다('나의 ~').

דְּבָרִי '나의 말씀', דְּבָרַי '나의 말씀들'

○ 단수와 복수 명사를 구별하는 가장 중요한 핵심은 복수의 흔적으로 '요드(י)'의 존재이다.

인칭대명사 접미어 활용 퀴즈
holyword.org/heb_gram/3_pronoun_suffix.html

ㅇ 여성형 명사(הָ)의 ה는 인칭대명사가 접미될 때 본래의 음가인 ת가 되살아난다.

	성, 수	סוּסָה	סוּסוֹת
단수	1인칭, 공성, (1. c. s.) '나의'	סוּסָתִי	סוּסוֹתַי
	2인칭, 남성, (2. m. s.) '너의'	סוּסָתְךָ	סוּסוֹתֶיךָ
	2인칭, 여성, (2. f. s.) '너의'	סוּסָתֵךְ	סוּסוֹתַיִךְ
	3인칭, 남성, (3. m. s.) '그의'	סוּסָתוֹ	סוּסוֹתָיו
	3인칭, 여성, (3. f. s.) '그녀의'	סוּסָתָהּ	סוּסוֹתֶיהָ
복수	1인칭, 공성, (1. c. pl.) '우리의'	סוּסָתֵנוּ	סוּסוֹתֵינוּ
	2인칭, 남성, (2. m. pl.) '너희들의'	סוּסַתְכֶם	סוּסוֹתֵיכֶם
	2인칭, 여성, (2. f. pl.) '너희들의'	סוּסַתְכֶן	סוּסוֹתֵיכֶן
	3인칭, 남성, (3. m. pl.) '그들의'	סוּסָתָם	סוּסוֹתֵיהֶם
	3인칭, 여성, (3. f. pl.) '그녀들의'	סוּסָתָן	סוּסוֹתֵיהֶן

3. 지시대명사

ㅇ 지시대명사의 형태

[이것, 이것들]	[저것, 저것들]
	※ 인칭대명사의 3인칭과 같다.
남성 זֶה (이것)	남성, 단수 הוּא (저것)
여성 זֹאת (이것)	여성, 단수 הִיא (저것)
복수(공통) אֵלֶּה (이것들)	남성, 복수 הֵם, הֵמָּה (저것들)
	여성, 복수 הֵנָּה (저것들)

○ 지시대명사의 용법

① 대명사적 용법: 주로 주어로 사용되며 정관사 없이 독립적으로 사용된다. 또한 주로 명사 문장에 사용된다.

זֶה הָאִישׁ "이 분이 그 사람이다."

זֹאת הַתּוֹרָה "이것이 그 율법이다."

זֶה הָאִישׁ הַטּוֹב "이 분이 그 좋은 사람이다."

② 형용사적 용법: 지시대명사가 명사 뒤에 와서 앞의 명사를 수식하는데 둘 다 정관사가 온다.

הָאִישׁ הַזֶּה '이 사람'

הַתּוֹרָה הַזֹּאת '이 율법'

הָאִישׁ הַטּוֹב הַזֶּה '이 좋은 사람'

4. 의문사(interrogative pronoun) מִי(who?), מָה(what?)

○ 의문사는 각각 '누구?'와 '무엇?'을 나타낸다.

מִי אַתָּה "당신은 누구입니까?", מַה־זֶּה "이것은 무엇입니까?"

○ מִי는 부정 의문사(indefinite interrogative)인 '누구나'(whoever, whosoever)로 사용되고, מָה 역시 부정 의문사인 '무엇이나'(whatever, whatsoever)로 사용된다.

מִי לַיהוה אֵלָי "여호와(야웨)께 속한 자마다 나에게로 (오라!)"

○ 의문사 מָה는 정관사(הַ)처럼 다음 단어에 경강점(dagesh forte)이 온다. 그리고 후음 앞에서는 그에 따른 변화가 나타난다.

① 일반적인 경우: מַה־זֶּה "이것이 무엇이냐?" (모음이 '파타흐')

② א과 ר 앞에서: מָה־אֵלֶּה "이들은 무엇이냐?" (모음이 '카메츠'로 보상되어 길어짐)

③ ה 앞에서: מַה־הִיא "그것(여성)은 무엇이냐?" (dagesh forte implicitum 잠재적

경강점)

④ 모음 '카메츠'(◌ָ)를 가진 후음 앞에서: מֶה עָשָׂה "그가 무엇을 하였느냐?" (모음이 '쎄골')

○ מָה는 감탄사 '얼마나'(how)로 사용되기도 한다.

מַה־טוֹב הַמֶּלֶךְ "그 왕이 얼마나 선한가!"

5. 관계대명사(relative pronoun)

○ 엄밀히 말하면 히브리어에는 관계대명사가 없다. 즉 אֲשֶׁר라고 하는 성, 수, 격에 따라 변하지 않는 '관계사'만 있을 뿐이지 대명사가 포함된 '관계대명사'는 존재하지 않는다. 따라서 관계절에는 אֲשֶׁר라는 관계사 뿐만 아니라 주어나 목적어 역할을 하는 명사나 대명사가 나타난다. 예를 들면 영어에서는 This is the man who is good이라는 문장이 가능하다. 왜냐하면 who가 관계대명사이기 때문에 who 안에 주어인 he가 포함되어 있어서 관계절 안에서 대명사 he를 쓸 필요가 없다. 그러나 히브리어의 אֲשֶׁר는 대명사가 없는 관계사이기 때문에 관계절에서 주어가 와야 한다. 이를테면 다음과 같이 표기해야 한다.

This is the man אֲשֶׁר he is good.

○ 그러나 אֲשֶׁר가 주격이나 목적격으로 사용될 때 영어의 관계대명사처럼 사용된다.

הַמֶּלֶךְ אֲשֶׁר רָדַף '추적하는 왕(the king who pursued)'

즉 관계절 안에 생략된 주어인 대명사 הוּא를 쓰지 않는다.

○ אֲשֶׁר는 '복합관계사'로 사용되기도 한다.

선행사인 대명사가 포함된 예: he who, him who, that which

전치사와 결합된 예: הַמֶּלֶךְ אָמַר לַאֲשֶׁר טוֹב "그 왕이 선한 그 자에게 말했다."

○ 관계사 אֲשֶׁר가 이따금 생략되기도 한다.

בָּא הָאִישׁ אֶל־אֶרֶץ לֹא יָדַע "그 사람이 그가 알지 못하는 땅으로 들어갔다."

여기서 관계절 אֲשֶׁר לֹא יָדַע에서 관계사 אֲשֶׁר가 생략되었다.

6. 기타 대명사

○ אִישׁ 'each'

○ כֹּל 'every', 'all'

כֹּל הַיּוֹם '매일', כֹּל יוֹם '온종일'

○ זֶה...זֶה 'The one, the other'

קָרָא זֶה אֶל־זֶה "서로가(이 사람이 저 사람에게) 외쳤습니다."

3과 연습문제

1. 다음을 번역하시오.

(1) אַתָּה   (2) הוּא   (3) הֵם   (4) אַתֵּן   (5) אַתְּ

(6) אָנֹכִי   (7) הִיא   (8) אֲנִי   (9) אֲנַחְנוּ   (10) אַתֶּם

(11) אַתָּה הַכֹּהֵן הַטּוֹב:

(12) הַמֶּלֶךְ רָע הוּא:

(13) הָאִישׁ טוֹב הוּא:

(14) טוֹב הָאִישׁ הוּא:

(15) לִי   (16) לָהֶם   (17) לָכֶם   (18) לְךָ   (19) לָהּ

(20) לָנוּ   (21) לָהֶן   (22) מִמֶּנִּי   (23) מִמְּךָ   (24) אִתִּי

(25) אֶתְכֶם   (26) אִתְּךָ   (27) אִתָּן   (28) אֹתִי   (29) אֹתָהּ

(30) אֹתָנוּ   (31) אֶתְכֶן   (32) זֶה   (33) אֵלֶּה   (34) הִיא

(35) זֹאת   (36) זֶה הַמֶּלֶךְ

(37) זֶה הָעָם הַטּוֹב

(38) הַמֶּלֶךְ הַזֶּה טוֹב:

(39) מִי

(40) מַה־זֶּה:

(41) מֶה־עָשָׂה:

(42) חָכָם הַמֶּלֶךְ אֲשֶׁר אָהַב אֶת־הָאֱלֹהִים:

(43) שָׁמַע הָאִישׁ אֲשֶׁר אָמַר הַמֶּלֶךְ אֶת־הַקּוֹל מִשָּׁמַיִם:

(44) זֶה הַדָּבָר אֲשֶׁר אָמַר הַמֶּלֶךְ בָּעִיר:

(45) בָּרָא אֱלֹהִים אֶת־הַשָּׁמַיִם וְאֶת־הָאָרֶץ:

연습문제 해답

3과 연습문제 해설
youtu.be/fWVTJ3q9p_c?si=NCXXigQgo9m8apXv

(1) 당신(m)이[8] (2) 그 남자가 (3) 그들(m)이 (4) 너희(f)가 (5) 네(f)가 (6) 내가 (7) 그녀가 (8) 내가 (9) 우리가 (10) 너희(m)가 (11) 당신은 그 선한 제사장입니다 (12) 그 왕은 악하다[9] (13) 그 사람(남자, 남편)은 선하다 (14) 그 사람은 선하다 (15) 나에게 (16) 그들(m)에게 (17) 너희(m)에게 (18) 너(f)에게 (19) 그녀에게 (20) 우리에게 (21) 그녀들에게 (22) 나로부터 (23) 너(f)로부터 (24) 나와 함께 (25) 너희(m)와 함께 (26) 너(f)와 함께 (27) 그녀들과 함께 (28) 나를 (29) 그녀를 (30) 우리를 (31) 너희(f)를 (32) 이것(m) (33) 이들 (34) 그녀(인칭대명사) 혹은 저것(f., 지시대명사) (35) 이것(f) (36) 이 분이 그 왕이시다 (37) 이것이 그 선한 백성이다 (38) 이 왕은 선하다[10] (39) 누가? (40) 이것은 무엇이냐? (41) 그는 무엇을 행하였느냐(만들었느냐)? (42) (그) 하나님을 사랑한 그 왕은 지혜롭다 (43) 그 왕이 말했던 그 사람이 하늘로부터 온 소리를 들었다 (44) 이것은 그 왕이 그 성에서 말했던 그 말씀이다 (45) 하나님이 그 하늘과 그 땅을 창조하셨다

---

8 독립적인 인칭대명사는 거의 항상 주격(주어)으로 사용되기 때문에 우리말 주격 조사를 붙여서 '당신이'라고 번역할 수 있다.

9 여기서의 הוא는 인칭대명사가 아니라 지시대명사로서 주어 바로 다음이 아니라 나중에 오는 경우 마치 계사(copula)처럼 사용된다.

10 여기서의 הזה는 명사를 수식하는 형용사로서 '지시형용사'라 칭할 수 있다. 이 지시형용사가 한정하는 명사는 정관사 '그'에 의해서도 한정되지만 번역할 때는 '그'를 빼고 '이 왕'이라 번역해야 우리말 답다.

4과

명사의 특성
명사의 4가지 종류
1 변화 명사
연계형
방향의 ㄱㅜ

[단어]

לֵבָב, לֵב	마음	צְדָקָה	의, 정의	עֶבֶד	종
שָׁלוֹם	평화	שָׁנָה	해(year)	זָהָב	금
סֵפֶר	책	יָשָׁר	곧은, 옳바른	כֶּסֶף	은
בֹּקֶר	아침	בָּרוּךְ	복된	יֶלֶד	소년
קֹטֵל	살인(자)	זָקֵן	늙은, 장로	שָׁלַח	보내다, (손을)뻗치다
מַקֵּל	지팡이	כָּבֵד	무거운, 심한	אָח	형제
שֵׁם	이름	יהוה	야웨(여호와)	בַּת	딸
סוּסָה	암말	יוֹסֵף	요셉	גָּדוֹל	큰
נָבִיא	예언자	שְׁאוֹל	스올	גּוֹי	민족, 나라

4과 단어 퀴즈
holyword.org/heb_gram/words_4.html

1. 히브리어 명사의 특징

○ 주로 세 개의 자음(철자)으로 어근이 구성되며, 두 번째 음절의 모음이 장모음이다. 이와 달리 동사의 두 번째 음절의 모음은 단모음이다.

　　명사: דָּבָר '말씀', 동사: דָּבַר '말하다'

○ 명사는 성(sex)을 가지고 있으며 남성과 여성이 있다. 남성형은 일반적으로 기본형이고, 여성형은 일반적으로 기본형에 הֹ나 ת가 접미되는 경우가 많다.

　　סוּסָה '암말' < סוּס '숫말'

○ 남성 복수는 **םי**ׂ이 접미되고, 여성 복수는 **ה**ׇ가 변형되어 **וֹת**가 된다.

דְּבָרִים '말씀들', **סוּסוֹת** '암말들'

○ 히브리어에는 쌍수가 존재한다. 남성 쌍수는 **םיׇ**이 접미되고, 여성 쌍수는 **תַיִם**이 접미되는데, 이는 여성 접미어 **ה**가 본래는 **ת**였다는 증거이다.

סוּסַיִם '두 숫말', **סוּסָתַיִם** '두 암말'

2. 명사의 4가지 종류

○ 제1변화 명사: 종음절(ultima)의 모음이 카메츠(◌ׇ)로 끝나는 명사

דָּבָר '말씀', **לֵבָב** '마음, 심장'
שָׁלוֹם '평화'(종음절에 카메츠가 없지만 앞음절에 카메츠가 있는 경우도 1변화 명사에 속함)

○ 제2변화 명사: 종음절의 모음이 쎄골(◌ֶ)인 명사: 따라서 쎄골 명사라 부르기도 한다. 쎄골 명사는 본래 단음절 명사였기 때문에(**מֶלֶךְ**, **סֵפֶר**, **בֹּקֶר**) 액센트가 본래 모음이 있었던 맨 앞에 온다.

מֶלֶךְ, **סֵפֶר**, **בֹּקֶר**

○ 제3변화 명사: 종음절의 모음이 체레(◌ֵ)인 명사: 동사의 분사 능동태에서 파생된 명사로 볼 수 있다. 동사의 특징 중 '접미어가 모음으로 시작될 때' 전종음절(penult)의 모음이 유성 쉐바로 바뀐다. 예를 들어 **שְׁמִי** '나의 이름'의 경우 접미어 **י**ׂ가 모음으로 시작되는 접미어이기 때문에 앞 음절의 모음이 유성쉐바로 바뀌었다.

제3변화 명사의 예: **שֹׁפֵט** '재판관, 사사'(동사의 분사형태), **מַקֵּל** '지팡이'(동사의 힢일 분사형태로 추론됨), **שֵׁם** '이름'

○ 제4변화 명사: 이중 아인(**ע**) 명사라 한다. 이 말의 의미는 두 번째 철자가 세 번째 철자

와 똑같다는 뜻이다.[11] 이 명사의 특징은 중복되는 두 번째 철자를 두 번 표기해 주지 않고 세 번째 철자가 생략되는 경우가 많다는 것이다.

עַם, הַר

그러다가 이 명사에 접미어가 오는 경우에 되살아나게 되는데 두 번째 철자에 경강점 (dagesh forte)을 찍어서 '아인'이 둘이라는 사실을 표기해 준다. 다만 후음인 경우 경강점을 찍을 수 없으므로 앞 모음을 보상하여 장모음화시킨다.

עַם은 עַמִּי로, הַר는 הָרִי로

3. 제1변화 명사

○ 성, 수의 변화
   예) 남성 단수 סוּס '숫말'을 통한 예

	남성		여성	
단수	סוּס	숫말	סוּסָה	암말
복수	סוּסִים	숫말들	סוּסוֹת	암말들
쌍수	סוּסַיִם	두 숫말	סוּסָתַיִם	두 암말

○ 제1변화 명사의 음운변화
   ① 복수: 액센트가 종음절(복수 어미)로 이동함으로 음운변화가 나타난다. 즉, 액센트 바로 앞 개음절의 모음이 장모음화 되고, 더 멀어지는 전전종음절(antipenult)의

---

11 중세 히브리어 문법 학자들이 편의상 פָּעַל이라는 단어로 명칭을 정하였다. 따라서 두 번째 철자를 나타낼 때는 '아인(ע)'이라 불렀다. 마찬가지로 첫째 철자는 '페(פ)', 마지막 철자는 '라멛(ל)'이라 부른다. 중복 아인(ע)이라는 말은 두 번째 철자가 중복되어 세 번째 철자와 같다는 것이다.

개음절은 유성 쉐바로 짧아진다.

דָּבָר의 (남성) 복수: דְּבָרִים

נָבִיא의 (남성) 복수: נְבִיאִים

תּוֹרָה의 (여성) 복수: תּוֹרוֹת

צְדָקָה의 (여성) 복수: צְדָקוֹת

② 예외적 형태의 복수: 남성이 복수가 될 때 여성형 복수 형태를 갖거나, 반대로 여성이 복수가 될 때 남성형 복수 형태를 갖는 경우가 있다. 자주 사용되는 단어일수록 불규칙이 많다.

אָב(남성, '아버지')의 복수: אָבוֹת(여성형 어미, '조상들')

קוֹל(남성, '소리')의 복수: קֹלוֹת(여성형 어미, '소리들')

שָׁנָה(여성, '해, 년')의 복수: שָׁנִים(남성형 어미, '여러 해')

○ 제1변화 명사의 연계형(the construct state)

연계형은 다음과 같다.

① 의미상 특징: 히브리어에서 소유격을 표현하기 위한 가장 빈번한 형태이다. 즉, 'A(절대)의 B(연계)'를 표현할 때 사용되는데, 뒤에 오는 형태(A)가 의미상 소유격이 된다.

דְּבַר אֱלֹהִים '하나님의 말씀'

② 형태론적 특성: 뒤에 오는 단어와 한 단어처럼 읽기 위하여 액센트가 사라진다.
➡ 연계형 단어에 액센트가 사라짐으로써 모음이 단축되는 현상이 나타난다. 즉, 개음절은 유성 쉐바로 짧아지고, 폐음절은 액센트 없는 폐음절이 되어 단모음이 된다.

דְּבַר אֱלֹהִים은 의미상으로는 '하나님의 말씀'이지만 발음상으로는 마치 두 단어가 한 단어인 것처럼 앞에 오는 단어들(연계형들)의 액센트가 사라지고 맨 나중에 오는 단어(절대형)에만 액센트가 존재한다. 따라서 여기서는 액센트에서 멀어진 개

음절 דָ는 דְ로 짧아지고 액센트가 사라진 בָר는 단모음 בְבַ로 짧아진다.

③ 연계형으로 바뀌는 다섯 가지 특징

- 개음절 → 유성 쉐바, 유성 쉐바가 중복되면 앞의 유성 쉐바는 단모음
- 폐음절 → 단모음
- הָ (여성 단수) → תַ (여성 단수의 접미어 ה 가 본래는 תּ였음을 알 수 있다. 또한 액센트 없는 폐음절이 되어 '파타흐'로 짧아졌다.)
- ִים (남성 복수) → ֵי ('멤'이 사라지면서 '체레'로 모음이 바뀐다), 남성 쌍수도 똑같이 변한다.
- תַיִם (여성 쌍수) → תֵי
- 여성 복수 어미 וֹת는 모음이 순장모음이므로 변하지 않는다. 하지만 나머지 어근의 모음들은, 개음절은 유성 쉐바로, 폐음절은 단모음으로 변하는 기본 원칙을 따른다.

בַּהֲמוֹת는 בְּהֵמָה '가축'의 복수 연계형으로서 개음절인 בּ와 ה의 모음이 각각 유성 쉐바로 바뀌게 되는데 ה가 후음이기 때문에 합성 쉐바인 '하텝 파타흐'가 되고 앞의 유성 쉐바는 '하텝 파타흐'와 상응하는 단모음인 '파타흐'로 바뀌게 된 것이다.

ㅇ 다음은 각 성과 수에 따른 절대형과 연계형의 예이다.

	절대형(원형)		연계형	
남성 단수	דָּבָר	말씀	דְּבַר	~의 말씀
여성 단수	שָׂפָה	입술(언어)	שְׂפַת	~의 입술
남성 복수	דְּבָרִים	말씀들	דִּבְרֵי	~의 말씀들
여성 쌍수	שְׂפָתַיִם	양입술	שִׂפְתֵי	~의 양입술

○ 연계형에는 정관사가 오지 않고, 뒤에 오는 절대형에만 온다. 그러므로 절대형에 정관사가 있으면, 연계형으로 형성된 단위 전체가 한정된 것으로 보아야 한다.

דְּבַר הָאֱלֹהִים '그 하나님의 (그) 말씀'

4. 방향의 헤(local ה)

'방향의 헤'는 방향을 나타내는 접미어인데 격어미의 흔적(대격)으로 본다. 같은 셈어 계열인 아카드어나 아랍어에서는 격어미(u, i, a)가 나타나지만 히브리어에서 격어미가 거의 사라지고 몇몇 흔적만 남아있다. 그 중 살아남은 격어미가 '방향의 헤'이다. 그 용례를 살펴보자.

הַבַּיְתָה '그 집으로', הָהָרָה '그 산으로', לִשְׁאוֹלָה '스올로', מִצְרַיְמָה '애굽으로'

심지어 연계형에도 올 수 있다.

בֵּיתָה יוֹסֵף '요셉의 집으로'(이 경우는 연계형에 액센트가 있으므로 예외적인 경우이다.)

그리고 시간의 방향을 나타내기도 한다.

מִיָּמִים יָמִימָה '(문자적으로) 날들로부터 날들로'

4과 연습문제

1. 다음을 우리말로 번역하시오.

(5) כֹּהֵן   (4) נְבִיאוֹת   (3) נְבִיאִים   (2) נְבִיאָה   (1) נָבִיא

(10) סוּס   (9) דִּבְרֵי אֱלֹהִים   (8) דְּבָרִים   (7) דָּבָר   (6) כֹּהֲנִים

(15) סוּסָתַיִם   (14) סוּסוֹת   (13) סוּסָה   (12) סוּסִים   (11) סוּסִים

(20) הַבֵּן הַגָּדוֹל   (19) גְּדוֹלוֹת   (18) גְּדוֹלָה   (17) גְּדוֹלִים   (16) גָּדוֹל

(23) גְּדוֹל הַשָּׁמַיִם   (22) הָאָבוֹת הַטּוֹבִים   (21) הַבַּת הַגְּדוֹלָה

(26) אַתֶּן זְקֵנוֹת   (25) לְעֶבֶד הָרַע   (24) אֲנַחְנוּ חֲכָמִים

(29) בְּנֵי הַמֶּלֶךְ וּבִתּוֹ   (28) עַבְדֵי אִישׁ   (27) סוּסַת הָעֶבֶד

(30) יְהוָה הוּא הָאֱלֹהִים׃

(31) כָּבֵד הָרָעָב עַל־הָאָרֶץ׃

(32) לָקַח הָאִישׁ אֶת־הַזָּהָב וְאֶת־הַכָּסֶף׃

(33) אָמַר הַיֶּלֶד אֶל־הָאִישׁ הָרָע וְהָאִישׁ לֹא שָׁמַע:

(34) זֶה הַיֶּלֶד אֲשֶׁר שָׁמַע אֶת־הַקּוֹל:

연습문제 해답

4과 연습문제 해설

youtu.be/-RvZwD78oy0?si=0g2mchqzoObj21AG

(1) 선지자 (2) 여선지자 (3) 선지자들 (4) 여선지자들 (5) 제사장 (6) 제사장들 (7) 말씀, 사건, 사물 (8) 말씀들 (9) 하나님의 말씀들 (10) 숫말 (11) 숫말들 (12) 두 숫말 (13) 암말 (14) 암말들 (15) 두 암말 (16) 큰 (것) (17) 큰 (것들) (18) 큰 (것, f) (19) 큰 (것들, f) (20) 그 큰 아들 (21) 그 큰 딸 (22) 그 선한 아버지들 (23) 그 하늘은 크다 (24) 우리는 지혜롭다 (25) 그 악한 종에게(향하여) (26) 너희(f)는 늙었다 (27) 그 종의 암말 (28) 한 남자의 종들 (29) 그 왕의 아들들과 그의 딸 (30) 여호와(야웨, 주)[12] 바로 그 분은 하나님이시다 (31) 그 기근이 그 땅에 심하다 (32) 그 사람이 그 금과 그 은을 취하였다 (33) 그 소년이 그 악한 사람에게 말하였고 그 사람은 듣지 않았다 (34) 이 자가 그 소리를 들었던 소년이다

---

12 하나님의 이름 יהוה는 정확한 모음을 알 수 없어서 '야웨'라 부르기도 하고, 우리는 '여호와'라 부르기도 한다. 하지만 유대인들의 전통에서는 하나님의 이름을 함부로 부를 수 없어서 אֲדֹנָי, 즉 '주'라고 부르기도 한다.

5과

대명사 접미어
2 · 3 · 4 변화 명사
불규칙 변화 명사

נֶפֶשׁ	혼, 호흡, 목숨, 생명	מְאֹד	매우	שַׂר	방백, 지도자
אָח	형제	פַּר	황소	נָתַן	주다
אָחוֹת	자매	כִּי	~하다는 것, 왜냐하면	רָם	높은
מָלַךְ	왕이 되다, 지배하다	אַחֲרֵי	~뒤에	הֵיכָל	궁전, 성전
רָאָה	보다	עַד	~까지	מָשַׁל	다스리다
גִּבּוֹר	용사	תַּחַת	~아레에	שָׁמַע	듣다
דֶּרֶךְ	길, 도	הַר	산	קוּם	일어나다
טוֹב	좋은, 선한, 선	מַיִם	물	שָׁמַיִם	하늘
נָשָׂא	들어올리다, 짊어지다, 용서하다	עָבַר	건너다, 지나가다, (죄를) 범하다	עָמַד	서다
בְּהֵמָה	가축	בֵּין	~사이에	תּוֹרָה	율법

5과 단어 퀴즈
holyword.org/heb_gram/words_5.html

1. 대명사 접미어

○ 대명사 접미어는 명사나 동사 등에 접미되어 선행사를 지시하는 역할을 한다. 명사에 접미되는 대명사는 소유의 의미를 나타내는 경우가 많고, 동사에 접미되는 대명사는 목적어가 되는 경우가 많다. 이때 대명사 접미어의 형태는 인칭대명사의 접미요소가 활용된다.

○ 접미어의 형태상 '경접미어'와 '중접미어(두 개의 자음으로 구성 כֶם, כֶן, הֶם, הֶן)'로 구분되는데 중접미어의 경우 액센트가 접미어에 온다. 각각의 예들은 다음 표에서 확인하라.

① 결과적으로 중접미어 앞에 오는 명사는 연계형과 같은 모습을 나타낸다.

② 모음 하나로만 구성된 접미어는 접미어가 오는 마지막 음절에 액센트가 온다.

단수 명사	סוּס (숫말)	דָּבָר (말,사건)	סוּסָה (암말)	שָׂפָה (입술)	צְדָקָה (의)
단.1.공.(나의)	סוּסִי	דְּבָרִי	סוּסָתִי	שְׂפָתִי	צִדְקָתִי
단.2.남.(너의)	סוּסְךָ	דְּבָרְךָ	סוּסָתְךָ	שְׂפָתְךָ	צִדְקָתְךָ
단.2.여.(너의)	סוּסֵךְ	דְּבָרֵךְ	סוּסָתֵךְ	שְׂפָתֵךְ	צִדְקָתֵךְ
단.3.남.(그의)	סוּסוֹ	דְּבָרוֹ	סוּסָתוֹ	שְׂפָתוֹ	צִדְקָתוֹ
단.3.여.(그녀의)	סוּסָהּ	דְּבָרָהּ	סוּסָתָהּ	שְׂפָתָהּ	צִדְקָתָהּ
복.1.공.(우리의)	סוּסֵנוּ	דְּבָרֵנוּ	סוּסָתֵנוּ	שְׂפָתֵנוּ	צִדְקָתֵנוּ
복.2.남.(너희의)	סוּסְכֶם	דְּבַרְכֶם	סוּסַתְכֶם	שְׂפַתְכֶם	צִדְקַתְכֶם
복.2.여.(너희의)	סוּסְכֶן	דְּבַרְכֶן	סוּסַתְכֶן	שְׂפַתְכֶן	צִדְקַתְכֶן
복.3.남.(그들의)	סוּסָם	דְּבָרָם	סוּסָתָם	שְׂפָתָם	צִדְקָתָם
복.3.여.(그들의)	סוּסָן	דְּבָרָן	סוּסָתָן	שְׂפָתָן	צִדְקָתָן

○ 복수명사에 대명사 접미어가 접미되는 경우는 마치 복수 연계형처럼 변형된 명사에 대명사 접미어가 접미된다.

복수 명사	סוּסִים (숫말들)	דְּבָרִים (말씀들)	סוּסוֹת (암말들)	שְׂפָתַיִם (입술:쌍수)	צְדָקוֹת (의들)
단.1.공.(나의)	סוּסַי	דְּבָרַי	סוּסוֹתַי	שְׂפָתַי	צִדְקוֹתַי
단.2.남.(너의)	סוּסֶיךָ	דְּבָרֶיךָ	סוּסוֹתֶיךָ	שְׂפָתֶיךָ	צִדְקוֹתֶיךָ
단.2.여.(너의)	סוּסַיִךְ	דְּבָרַיִךְ	סוּסוֹתַיִךְ	שְׂפָתַיִךְ	צִדְקוֹתַיִךְ
단.3.남.(그의)	סוּסָיו	דְּבָרָיו	סוּסוֹתָיו	שְׂפָתָיו	צִדְקוֹתָיו
단.3.남.(그녀의)	סוּסֶיהָ	דְּבָרֶיהָ	סוּסוֹתֶיהָ	שְׂפָתֶיהָ	צִדְקוֹתֶיהָ
복.1.공.(우리의)	סוּסֵינוּ	דְּבָרֵינוּ	סוּסוֹתֵינוּ	שְׂפָתֵינוּ	צִדְקוֹתֵינוּ

복수 명사	סוּסִים	דְּבָרִים	סוּסוֹת	שְׂפָתַיִם	צִדְקוֹת
	(숫말들)	(말씀들)	(암말들)	(입술:쌍수)	(의들)
복.2.남.(너희의)	סוּסֵיכֶם	דִּבְרֵיכֶם	סוּסוֹתֵיכֶם	שִׂפְתֵיכֶם	צִדְקוֹתֵיכֶם
복.2.여.(너희의)	סוּסֵיכֶן	דִּבְרֵיכֶן	סוּסוֹתֵיכֶן	שִׂפְתֵיכֶן	צִדְקוֹתֵיכֶן
복.3.남.(그들의)	סוּסֵיהֶם	דִּבְרֵיהֶם	סוּסוֹתֵיהֶם	שִׂפְתֵיהֶם	צִדְקוֹתֵיהֶם
복.3.여.(그들의)	סוּסֵיהֶן	דִּבְרֵיהֶן	סוּסוֹתֵיהֶן	שִׂפְתֵיהֶן	צִדְקוֹתֵיהֶן

① 전치사 אֶל과 עַל에 대명사 접미어가 접미될 때는 마치 이 두 전치사가 복수인 것처럼 어형변화한다.

עֲלֵיהֶם, עֲלֵיהֶן, עֲלֵיכֶם, עָלָיו, עָלַי

② '얼굴'이란 뜻을 가진 פָּנִים이 전치사 לְ와 결합하여 '~앞에'라는 뜻을 가진 전치사처럼 사용된다.

לְפָנַי, לְפָנֶיךָ, לִפְנֵיכֶם

③ מִפְּנֵי와 מִלִּפְנֵי는 '~로부터', '~의 면전에서'라는 의미로 사용된다.

④ מִפְּנֵי는 이유를 나타낼 수도 있다.

מִפְּנֵי הָרָעָב '기근 때문에'

2. 제2변화 명사

○ 쎄골 명사(2변화 명사)의 특징은 종음절의 모음이 쎄골(◌ֶ)이라는 것이다. 그러나 후음 ח와 ע의 영향으로 쎄골이 '파타흐'로 변하여 쎄골이 나타나지 않는 경우도 있다.

זֶרַח, רֹחַב, פַּחַד, נַעַר

○ 쎄골 명사의 원형은 본래 단음절 명사이며, 그 종류는 세 가지(qatl, qitl, qotl)이다.

בֹּקֶר, סֵפֶר, מֶלֶךְ

이들은 단음절 명사이고 맨 앞에 모음이 오기 때문에 액센트는 맨 앞에 있다. 나중에 이들이 발전하여 보조 모음인 쎄골을 종음절에 취한 후에도 여전히 액센트는 맨 앞에 있다.

בֹּקֶר, סֵפֶר, מֶלֶךְ

○ 단수의 연계형과 절대형이 액센트의 유무를 제외하고 동일하다. 즉 연계형에서 액센트가 사라져도 모음 변화를 하지 않는다. 중요한 사실은 히브리 본문을 읽을 때, 쎄골 명사는 절대형과 연계형이 같으므로 액센트의 유무와 문맥을 잘 살펴서 번역해야 한다.

○ 단수형에 인칭 어미가 접미될 때, 그리고 복수 연계형에서, 또한 복수형에 중접미어가 붙을 때, 본래의 원형이 가지고 있는 모음이 되살아난다. 이것이 너무 복잡하기 때문에, "쎄골 명사는 원형이 나타날 때가 있다"고 기억해 두면 된다. 오히려 원형이 나타나면 사전 찾기가 더 용이하다.

○ 제2변화 명사의 음운변화의 예
아래 표에서 * 가 표시되어 있는 항목에서 원형의 모음이 나타난다.

단수	절대형	מֶלֶךְ	סֵפֶר	בֹּקֶר	נַעַר
	연계형(액센트 없음)	מֶלֶךְ	סֵפֶר	בֹּקֶר	נַעַר
	단수1인칭 어미*	מַלְכִּי	סִפְרִי	בָּקְרִי	נַעֲרִי
	단수2인칭 어미*	מַלְכְּךָ	סִפְרְךָ	בָּקְרְךָ	נַעַרְךָ
	복수2인칭 어미*	מַלְכְּכֶם	סִפְרְכֶם	בָּקְרְכֶם	נַעַרְכֶם
복수	절대형	מְלָכִים	סְפָרִים	בְּקָרִים	נְעָרִים
	연계형*	מַלְכֵי	סִפְרֵי	בָּקְרֵי	נַעֲרֵי
	단수1인칭 어미	מְלָכַי	סְפָרַי	בְּקָרַי	נְעָרַי
	단수2인칭 어미	מְלָכֶיךָ	סְפָרֶיךָ	בְּקָרֶיךָ	נְעָרֶיךָ
	복수2인칭 어미*	מַלְכֵיכֶם	סִפְרֵיכֶם	בָּקְרֵיכֶם	נַעֲרֵיכֶם

3. 제3변화 명사

○ 제3변화 명사의 특징: 종음절이 '체레'(◌ֵ)

○ 동사의 분사 형태에서 파생된 명사로 추론된다. 동사의 음운변화 중에서 중요한 원리는 접미어가 모음으로 시작되는 접미어일 때 그 앞 음절의 모음이 '유성 쉐바'로 변한다는 사실이다. 제3변화 명사는 이러한 원리가 적용되는 명사이다.

> קְטָלִי, קְטָלִים: 복수 접미어 ים◌ִ이 모음으로 시작되는 접미어이기 때문에 바로 앞 음절의 모음 '체레'가 '유성 쉐바'로 변했고, 인칭대명사 접미어 1인칭 단수 접미어 י◌ִ 역시 모음으로 시작된 접미어이기 때문에 동일한 현상이 나타난다.

○ 단수의 절대형과 연계형이 액센트의 유무를 제외하고 같다는 것이 특징이다.

○ 제3변화 명사 음운변화의 예

단수	절대형	קֹטֶל	מַקֵּל	שֵׁם	כֹּהֵן
	연계형(액센트 없음)	קֹטֶל	מַקֵּל	שֵׁם	כֹּהֵן
	단수1인칭 어미	קְטָלִי	מַקְּלִי	שְׁמִי	כֹּהֲנִי
	단수2인칭 어미	קְטָלְךָ	מַקֶּלְךָ	שִׁמְךָ	כֹּהֶנְךָ
	복수2인칭 어미	קְטָלְכֶם	מַקֶּלְכֶם	שִׁמְכֶם	כֹּהֶנְכֶם
복수	절대형	קְטָלִים	מַקְּלוֹת	שֵׁמוֹת	כֹּהֲנִים
	연계형	קְטָלֵי	מַקְּלוֹת	שְׁמוֹת	כֹּהֲנֵי
	단수1인칭 어미	קְטָלַי	מַקְּלוֹתַי	שְׁמוֹתַי	כֹּהֲנַי
	단수2인칭 어미	קְטָלֶיךָ	מַקְּלֹתֶיךָ	שְׁמֹתֶיךָ	כֹּהֲנֶיךָ
	복수2인칭 어미	קְטָלֵיכֶם	מַקְּלֹתֵיכֶם	שְׁמֹתֵיכֶם	כֹּהֲנֵיכֶם

4. 제4변화 명사

○ 제4변화 명사의 특징은 '중복 아인(עע″ע)' 명사로서 평상시에는 주로 단음절 명사로 사용되다가 접미어가 붙을 때 '아인(ע)'의 위치에 '경강점'(dagesh forte)을 찍어준다.

○ 절대형과 연계형이 액센트의 유무를 제외하고 형태가 같다.

단수	절대형	עַם	הַר	אַף	חֹק
	연계형(액센트 없음)	עַם	הַר	אַף	חָק־
	단수1인칭 어미	עַמִּי	הֲרִי(הַרְרִי)	אַפִּי	חֻקִּי
	단수2인칭 어미	עַמְּךָ	הַרְךָ	אַפְּךָ	חֻקְּךָ
	복수2인칭 어미	עַמְּכֶם	הַרְכֶם	אַפְּכֶם	חֻקְּכֶם
복수	절대형	עַמִּים	הָרִים	אַפִּים	חֻקִּים
	연계형	עַמֵּי	הָרֵי(הַרְרֵי)	אַפֵּי	חֻקֵּי
	단수1인칭 어미	עַמַּי	הָרַי	אַפַּי	חֻקַּי
	단수2인칭 어미	עַמֶּיךָ	הָרֶיךָ	אַפֶּיךָ	חֻקֶּיךָ
	복수2인칭 어미	עַמֵּיכֶם	הָרֵיכֶם	אַפֵּיכֶם	חֻקֵּיכֶם

5. 불규칙 변화 명사

일상생활에서 빈번하게 사용되는 말일수록 불규칙이 많다. 그러므로 불규칙일수록 자주 나타난다.

단수	절대형	בַּת (딸)	בַּיִת (집)	אָחוֹת (자매)
	연계형(액센트 없음)	בַּת	בֵּית	אֲחוֹת
	단수1인칭 어미	בִּתִּי	בֵּיתִי	אֲחוֹתִי
	단수2인칭 어미	בִּתְּךָ	בֵּיתְךָ	אֲחוֹתֵךְ
	복수2인칭 어미	בִּתְּכֶם	בֵּיתְכֶם	אֲחוֹתְכֶם

복수	절대형	בָּנוֹת	בָּתִּים	אֲחָיוֹת
	연계형	בְּנוֹת	בָּתֵּי	אַחְיוֹת
	단수1인칭 어미	בְּנוֹתַי	בָּתַּי	אֲחוֹתַי
	단수2인칭 어미	בְּנוֹתֶיךָ	בָּתֶּיךָ	אֲחוֹתֶיךָ
	복수2인칭 어미	בְּנוֹתֵיכֶם	בָּתֵּיכֶם	אַחְיוֹתֵיכֶם

○ 참고: 명사변화의 가장 확실한 특징은 종음절에 카메츠가 오는 제1변화 명사를 제외한 모든 명사가 단수 절대형과 단수 연계형의 모음이 같다는 것이다. 절대형에는 액센트가 있고, 연계형에는 액센트가 없다는 차이만 있다.

סֵפֶר(2변화 명사 단수 절대형, 액센트 존재)

סֵפֶר(2변화 명사 단수 연계형, 액센트 없음)

5과 연습문제

1. 다음을 우리말로 번역하시오.

(4) דְּבָרֵנוּ   (3) דְּבָרְךָ   (2) דְּבָרוֹ   (1) דְּבָרִי

(8) דְּבָרֵיךְ   (7) דְּבָרַי   (6) דְּבַרְכֶם   (5) דְּבָרָה

(12) סוּסָתֵנוּ   (11) סוּסָתִי   (10) דְּבָרָיו   (9) דִּבְרֵיכֶן

(16) תּוֹרוֹתַיִךְ   (15) סוּסָתָן   (14) סוּסוֹתָיו   (13) סוּסוֹתֶיךָ

(20) סוּסָם   (19) סוּסַיִךְ   (18) סוּסֶיךָ   (17) תּוֹרוֹתַי

(24) סִפְרֵיהֶם   (23) מְלָכָיו   (22) מַלְכּוֹ   (21) מַלְכִי

(28) בִּנְךָ   (27) אָבוֹת   (26) אָבִי   (25) סְפָרֶיךָ

(32) בְּנוֹ   (31) בִּתִּי   (30) בָּנֶיךָ   (29) אֲחָיוֹת

(35) יְמֵי יִשְׂרָאֵל   (34) יָמִים   (33) בְּנַי

(36) בָּא מַלְכִּי הַטּוֹב מִיהוּדָה:

(37) בָּאוּ מִלְכֵי הָרָעִים מִמִּצְרַיִם:

(38) אֵלֶּה הַפָּרוֹת הָרָעוֹת אֲשֶׁר רָאָה הַמֶּלֶךְ בָּעִיר:

(39) הֵמָּה הַשָּׂרִים וְהַגִּבּוֹרִים אֲשֶׁר נָתַן הַמֶּלֶךְ עַל־הָעָם:

(40) מָשַׁל הָאָדָם בַּבְּהֵמָה:

(41) הֶהָרִים הָאֵלֶּה רָמִים מְאֹד:

(42) מָה רָמִים הַהֵיכָלִים הָהֵם בָּעִיר:

(43) רָאָה הַמֶּלֶךְ כִּי חֲכָמִים הַדְּבָרִים אֲשֶׁר אָמַר הַשַּׂר לָעָם:

(44) בְּנֵי יִשְׂרָאֵל שָׁמְעוּ אֵת תּוֹרַת יהוה בְּהֵיכָל:

연습문제 해답

5과 연습문제 해설

youtu.be/cQS5uzgNlqU?si=KnjFAHCoYiFnQplM

(1) 나의 말씀 (2) 그의 말씀 (3) 너(f)의 말 (4) 우리의 말 (5) 그녀의 말 (6) 너희(m)의 말 (7) 나의 말들 (8) 너(m)의 말들 (9) 너희(f)의 말들 (10) 그(m)의 말들 (11) 나의 암말 (12) 우리의 암말 (13) 너(m)의 암말들 (14) 그(m)의 암말들 (15) 그녀들의 암말 (16) 너(f)의 율법들(쌍수처럼 보이지만 여성 복수에 2인칭 여성 단수 인칭접미어가 붙는 경우에 그 접미어가 תׅיֺ‑가 된다. 그리고 여성 쌍수에 2인칭 여성 단수 인칭접미어가 붙는 경우에는 תַיׅ‑가 된다) (17) 나의 율법들 (18) 너(m)의 숫말들 (19) 너(f)의 두 숫말 (20) 그 남자들의 숫말 (21) 나의 왕 (22) 그 남자의 왕 (23) 그 남자의 왕들 (24) 그 남자들의 책들 (25) 너(m)의 책들 (26) 나의 아버지 (27) 아버지들 (28) 너(m)의 아들 (29) 자매들 (30) 너(m)의 아들들 (31) 나의 딸 (32) 그 남자의 아들 (33) 나의 아들들(접미어의 모음에 주의하라!) (34) 날들(시대) (35) 이스라엘 시대(날들) (36) 나의 선한 왕이 유다에서 왔다 (37) 나의 악한 왕들이 이집트에서 왔다 (38) 이들은 그 왕이 그 성에서 보았던 그 나쁜 암소들이다 (39) 그들은 그 왕이 그 백성 위에 세운 방백들과 용사들이다 (40) 그 아담이 그 가축을 다스렸다 (41) 이 산들은 매우 높다 (42) 그 궁전(성전)들이 그 성에서 얼마나 높은가! (43) 그 왕은 그 방백이 그 백성에게 말한 그 말들이 지혜롭다고 보았다 (44) 이스라엘 자손들이 성전에서 여호와의 율법을 들었다

6과

동사의 기본 형태
강동사와 약동사 구분
동사 시상
동사의 7가지 줄기
완료 시상

[단어]

קָטַל	죽이다	קָבַר	묻다, 매장하다	פָּקַד	방문하다, 심판하다
נָפַל	떨어지다	שָׁבַר	깨뜨리다, 사다	שָׁלַח	보내다
יָדַע	알다	מָכַר	팔다, 넘겨주다	עוֹלָם	영원한
פָּעַל	행하다(do)	יַעֲקֹב	야곱	כָּרַת	자르다
בָּקַשׁ	(피엘) 찾다, 요구하다	הָלַךְ	가다, 걷다	בְּכוֹרָה	장자권
שָׁבַע	(닢알) 서약하다	שָׁמַר	지키다	יִצְחָק	이삭
סָגַר	닫다	זָכַר	기억하다	עֵשָׂו	에서
רֹאשׁ	머리	בְּתוֹךְ	(전) ~안에, 가운데	מִזְבֵּחַ	제단
רָע, רַע, רָעָה	악한, 악	חֶרֶב	검, 칼	מָצָא	발견하다
שִׂים	두다, 놓다	יָלַד	낳다	מִשְׁפָּט	재판, 정의

6과 단어 퀴즈
holyword.org/heb_gram/words_6.html

---

1. 동사의 기본 형태

○ 히브리어 동사의 가장 기본적인 형태는 קָטַל처럼 세 개의 자음과 '카메츠'(◌ָ)와 '파타흐'(◌ַ)라는 모음을 취한 형태이다.

○ 문법학자들은 פָּעַל이라는 단어를 활용하여 단어가 가지고 있는 세 철자의 위치를 표현하였다.

> נָפַל에서 첫째 철자가 '눈'인데 '첫째 철자'라는 말 대신 '페'라고 부른다. 이 동사는 '페-눈', '아인-페', '라멛-라멛'을 가진 동사이다.

또한 동사에는 그 형태에 따라 여러 줄기(stem)들이 존재하는데 פֹּעַל 동사를 기본으로 하여 만들어진 이름을 갖는다.

הֻפְעַל, פֻּעַל, הִפְעִיל, הִתְפַּעֵל, פִּעֵל, נִפְעַל 등

다만 가장 기본형은 פֹּעַל이라 부르지 않고 '가볍다'는 의미로 '칼(קַל)'이라 부른다.

2. 일반 동사와 약동사

○ 히브리어 동사는 일반적인 규칙에 따라 어형변화를 하는 일반 동사와 다소 불규칙적인 변화를 하는 약동사로 구분할 수 있다. 그러나 약동사라 할지라도 나름의 규칙이 있다. 예를 들면 후음이 포함된 동사는 후음법칙을 따른다.

○ 약동사

자음들 중에서 ו, י, נ과 후음인 א, ה, ח, ע, ר을 가리켜 약문자라 부른다. 동사에 이들 문자가 하나라도 포함되어 있으면 약동사라 칭한다. 그리고 약문자가 있는 위치에 따라 פֹּעַל을 통해 그 이름을 정한다. 예를 들어 גָּלָה는 פֹּעַל의 ל 자리에 ה라는 약문자가 있으므로 'ל"ה(라멛–헤)동사'라 부른다.

3. 동사의 시제(tense)와 상(aspect)

○ 최근 학자들의 연구에 따르면 히브리어 역시 기본적인 시제(tense)를 가지고 있었지만, 성서 히브리어에서는 상(aspect)적 표현으로서 동작의 '완료' 혹은 '미완료'를 주로 나타낸다고 알려져 있다. 그러나 실제로는 상적 의미보다 과거(완료)와 미래(미완료) 시제(tense)를 나타내는 경우가 많다.[13]

---

13 동사는 기본적으로 시제(tense), 상(aspect), 태(voice), 법(mood)을 가지고 있는데 '상'이란 동작의 상태를 일컫는 말이다. 예를 들면 동작의 상태가 일회성, 지속성, 반복 등이 있다. 히브리어는 시제와 관련없

○ 완료시상(perfective)과 미완료시상(imperfective)

    ① 완료시상: 과거, 과거완료, 현재완료, 미래완료 등의 완료된 동작의 표현: קָטַל

    ② 미완료시상: 현재, 미완료, 미래, 가능성 등의 완료되지 않은 동작의 표현: יִקְטֹל

    ③ 부정사, 명령형, 분사는 의미상 미완료이기 때문에 미완료에서 파생된 형태를 갖는 경우가 많다.

    ④ 최근 학자들 중에는 완료나 미완료라는 범주를 벗어나는 경우가 있기 때문에 qa-tal form, yiqtol form으로 칭하는 경우도 있다.

4. 동사의 7가지 형태

○ 태(voice)에 따라 능동태, 수동태, 중간태(재귀태)로 구분할 수 있고, 의미에 따라 단순형(simple), 강의형(intensive),[14] 사역형(causative)으로 구분할 수 있다. 이들 7가지 형태의 이름은 단순 능동태를 제외하고 모두 פָּעַל이라는 동사를 기반으로 명명된다.[15]

○ 강의형의 특징은 ע자리에 '경강점'(dagesh forte)이 있다는 것이며, 사역형의 특징은 접두어 ה가 온다는 것이다.

○ 아래에 7가지 줄기의 이름과 동사 קָטַל을 활용한 기본형태를 도표로 정리했다.

	단순형		강의형		사역형	
능동태	칼 (קַל)	קָטַל	피엘 (פִּעֵל)	קִטֵּל	힢일 (הִפְעִיל)	הִקְטִיל
수동태	닢알 (נִפְעַל)	נִקְטַל	푸알 (פֻּעַל)	קֻטַּל	훞알 (הֻפְעַל)	הֻקְטַל
중간태(재귀태)	닢알 (נִפְעַל)	נִקְטַל	히트파엘 (הִתְפַּעֵל)	הִתְקַטֵּל		

이 완료 혹은 미완료라는 상적 구분만 가능하다고 알려져 왔다. 그러나 실제로는 '완료'는 '과거 시제'를 주로 나타내고, '미완료'는 '미래 시제'를 나타내는 경우가 많다.

14 '강의형'이란 의미를 강조하는 형태를 말한다.

15 중세 히브리어 문법학자들이 פָּעַל이란 단어로 동사의 명칭을 정하였지만 ע이 후음이기 때문에 경강점 (dagesh forte)을 찍을 수 없는 약점을 가지고 있다. 따라서 명칭은 어쩔 수 없이 פָּעַל을 따라 부를 수밖에 없지만 각 줄기의 대표형은 קָטַל 동사를 활용하게 되었다.

○ 7가지 동사형태의 의미

명칭	의미	형태	뜻
칼(Qal) 닢알(Niphal)	단순 능동태 단순 수동태 (재귀태)	קָטַל נִקְטַל	그가 죽였다 그가 죽임을 당했다 (혹은 그가 자살했다)
피엘(Piel) 푸알(Pual) 히트파엘(Hithpael)	강의 능동태 강의 수동태 강의 중간태(재귀태)	קִטֵּל קֻטַּל הִתְקַטֵּל	그가 잔인하게 죽였다 그가 잔인하게 살해당했다 그가 잔인하게 자신을 죽였다
힢일(Hiphil) 훞알(Hophal)	사역 능동태 사역 수동태	הִקְטִיל הֻקְטַל	그가 죽이도록 시켰다 그가 죽이도록 시킴을 받았다

① 칼(Qal) 형태는 동사 פָּעַל을 따라 명명하지 않고 '가볍다'는 뜻을 가진 קַל을 그 명칭으로 삼았다. 그 변화가 중하지 않고 가볍다는 의미이다.

② 여기에 있는 형태가 히브리어 동사의 모든 줄기(stems)는 아니다. 최근 학자들은 '푸알'과 형태가 거의 같은 קֻטַל을 '칼 수동태'로 보기도 한다. 그리고 '닢알'은 본래는 '재귀태'였던 것으로 본다. 그러나 실제로는 '닢알'이 수동의 의미로 더 많이 사용된다. 또한 '피엘'이 강의의 의미 뿐만 아니라 사역의 의미로 사용되는 경우도 흔하다.

③ 구약성경에서 하나의 동사가 7가지 줄기(stems) 모두 나타나는 것은 아니다. 심지어 기본형인 '칼' 형태가 나타나지 않는 경우도 흔하다.

④ '강조'를 나타내는 '피엘', '푸알', '히트파엘'의 경우, 번역할 때 '잔인하게, 강하게'와 같은 강조부사를 사용하여 번역하는 것이 자연스럽다.

5. 완료 시상(perfective)

○ 히브리어의 동사는 기본적으로 주어를 포함하고 있다. 따라서 모든 정동사는 주어의 '인칭', '성', '수'를 포함하고 있다. 동사의 기본형(사전에 수록된 형태)은 '칼, 완료'이며, 주어가 '3인칭, 남성, 단수'인 동사 형태이다.[16] 예를 들어 קָטַל '그(3인칭 남성 단수)가 죽

---

16 בּוֹשׁ, בּוֹא, קוּם과 같은 '아인-바브' 동사의 기본형은 예외적으로 '부정사 연계형'이다.

였다'가 기본 형태이다.

○ 완료태는 '동사의 기본형 + 인칭대명사'에서 발전된 것으로 본다.

קָטַל אַתָּה에서 인칭대명사의 약한 발음인 אַנ"가 소실되고 어미의 ה가 생략되어 결국에는 קָטַלְתָּ가 되었다는 것이다. 1인칭의 경우는 본래 קָטַל אֲנִי에서 시작되었기 때문에 קָטַלְנִי가 되어야 하지만 2인칭과 유비화 현상을 거쳐서 קָטַלְתִּי가 되었다고 본다.

결과적으로 히브리어 정동사 완료태의 어형변화는 다음과 같다. 전체를 암기할 필요없이 어미만 따로 암기하는 것이 훨씬 효율적이다. 즉, "아(הָ◌), 타(תָּ), 트(תְּ), 티(תִּי), 우(וּ), 템(תֶּם), 텐(תֶּן), 누(נוּ)"와 같이 암기하여 각각의 어미가 나타내는 의미가 무엇인지 파악하면 된다.

① 중어미인 תֶּם과 תֶּן의 경우만 액센트가 어미로 이동하고 나머지는 본래의 자리에 있다. 그리고 액센트가 이동하게 될 때 맨 앞 개음절은 유성 쉐바로 짧아진다.

קְטַלְתֶּם, קְטַלְתֶּן

② 모음으로 시작되는 접미어 앞 음절의 모음은 유성 쉐바로 짧아진다. 즉, 3인칭 여성 단수와 3인칭 복수 공성에서 '파타흐'가 '유성 쉐바'로 짧아진다.

קָטְלָה, קָטְלוּ

③ '라멛(ל)'에 오는 '쉐바'는 '무성 쉐바'이기 때문에 모음이 아니다. 따라서 다음에 오는 '타브(ת)'의 다게쉬는 '연강점(dagesh lene)'이다.

---

17 인칭대명사 אַתָּה는 본래 אַנְתָּה였을 것이다. 이런 흔적이 같은 셈어인 아람어 등에 남아있다. 본래 נ의 자음이 약하고 모음이 없는 상태이기 때문에 다음 철자에 동화된다.

[동사 완료의 어형변화]

단수 3인칭 남성	קָטַל	그가 죽였다
3인칭 여성	קָטְלָה	그녀가 죽였다
2인칭 남성	קָטַלְתָּ	네(남)가 죽였다
2인칭 여성	קָטַלְתְּ	네(여)가 죽였다
1인칭 공성	קָטַלְתִּי	내가 죽였다
복수 3인칭 공성	קָטְלוּ	그들이 죽였다
2인칭 남성	קְטַלְתֶּם	너희들(남)이 죽였다
2인칭 여성	קְטַלְתֶּן	너희들(여)이 죽였다
1인칭 공성	קָטַלְנוּ	우리가 죽였다

○ 7가지 줄기(stems)의 동사가 모두 이와 같은 인칭 어미가 접미되어 동사에 포함된 주어
의 인칭 변화를 나타낸다. 동사 변화표를 참조하라.

נִקְטַלְתִּי "내가 죽임을 당했다."

קִטַּלְתֶּם "너희들이 잔인하게 죽였다."

קֻטְּלוּ "그들이 잔인하게 죽임을 당했다."

הִתְקַטַּלְנוּ "우리가 스스로를 잔인하게 죽였다."

הִקְטִילוּ "그들이 죽이게 했다."

הָקְטַלְתִּי "내가 죽임을 당하게 했다."

6과 연습문제

1. 다음 동사의 원형과 뜻을 쓰고, 그 동사 줄기의 이름을 쓴 후 번역하시오.

예) קָטַל : קָטַלְתָּ (죽이다), 칼, "네(남자)가 죽였다"

(1) נִבְרָא

(2) הָשְׁבַּר

(3) סִגֵּר

(4) נִקְבַּר

(5) הִתְמַכֵּר

(6) הִבְקִיש

(7) דִּבֶּר

(8) הָשְׁלַךְ

(9) שָׁמְרָה

(10) שָׁמַרְתִּי

(11) דִּבַּרְתָּ

(12) דִּבַּרְתֶּם

(13) סִגַּרְנוּ

(14) מָלַךְ

(15) מְלַכְתֶּם

(16) מָלְכוּ

(17) זָכַרְתָּ

(18) הִמְלַכְתָּ

(19) הִמְלִיכוּ

(20) זָכַרְתִּי

(21) זָכְרוּ

(22) זְכַרְתֶּן

(23) הִזְכַּרְתִּי

(24) נִקְטַלְתֶּן

(25) הִקְטִילָה

(26) הִתְקַטַּלְתְּ

(27) קְטַלְתֶּם

(28) קָטַלְתְּ

(29) קָטְלוּ

(30) הִקְטַלְנוּ

(31) פָּקַדְתִּי

(32) שָׁלְחוּ

2. 다음을 번역하시오.

(1) עָשָׂה אֱלֹהִים אֶת־הָאָדָם בָּאָרֶץ:

(2) זָכַר לְעוֹלָם בְּרִיתוֹ אֲשֶׁר כָּרַת אֶת־אַבְרָהָם:

(3) כָּרַתִּי אֶת־בְּרִיתִי אֶת־הָעָם הַזֶּה:

(4) אָמַר יִצְחָק הַקּוֹל קוֹל יַעֲקֹב וְהַיָּדַיִם יְדֵי עֵשָׂו:

(5) רָאָה אֱלֹהִים אֶת־אֲשֶׁר עָשָׂה וְהִנֵּה טוֹב מְאֹד:

(6) לֹא שָׁמַרְנוּ תּוֹרַת יהוה אֱלֹהֵי יִשְׂרָאֵל:

(7) עֵשָׂו מָכַר אֶת־בְּכֹרָתוֹ אֶל־יַעֲקֹב:

(8) יַעֲקֹב בִּקֵּשׁ מֵעֵשָׂו הַבְּכוֹרָה אֲשֶׁר לוֹ:

(9) הִשְׁבַּעְתִּי אֶת יִצְחָק בַּיהוָה הָאֱלֹהִים אֲשֶׁר עָשָׂה אֶת הַשָּׁמַיִם וְאֶת הָאָרֶץ:

6과 연습문제 풀이

연습문제 풀이 영상
youtu.be/Z1kuDR_npgU?si=dTnb7N7Qfac7nsUy

1. 동사 원형과 줄기에 따른 번역[18]

(1) בָּרָא (창조하다), 닢알, "그가 창조되었다", "그가 스스로를 창조하였다"

(2) שָׁבַר (부수다), 홒알, "그가 부셔지도록 시켰다"

(3) סָגַר (닫다), 피엘, "그가 확실하게 닫았다"

(4) קָבַר (묻다), 닢알, "그가 묻혔다"

(5) מָכַר (팔다), 히트파엘, "그가 확실하게 스스로를 팔았다"

(6) בָּקַשׁ (요구하다), 힢일, "그가 요구하게 하였다"

(7) דבר (말하다), 피엘, "그가 말하였다"[19]

(8) שָׁלַךְ (던지다), 홒알, "그가 던져지게 하였다"

(9) שָׁמַר (지키다), 칼, "그녀가 지켰다"

---

18 이 연습문제의 목적은 각 줄기가 가지고 있는 의미를 파악하는 것이기 때문에 각 줄기가 가지고 있는 고유한 특성을 살려서 번역하였다. 그렇다 보니 실제 구약성경에서 사용되는 용례와는 다르고 어색한 번역이 있을 수 있다.
19 이 동사는 '칼 줄기'로는 거의 사용되지 않고 능동태로서는 '피엘 줄기'가 사용된다.

(10) שָׁמַר (지키다), 칼, "내가 지켰다"

(11) דבר (말하다), 피엘, "네(m)가 말하였다"

(12) דבר (말하다), 피엘, "너희(m)가 말하였다"

(13) סָגַר (닫다), 칼, "우리가 닫았다"

(14) מָלַךְ (왕이 되다), 칼, "그가 왕이 되었다"

(15) מָלַךְ (왕이 되다), 칼, "너희(m)가 왕이 되었다"

(16) מָלַךְ (왕이 되다), 칼, "그들이 왕이 되었다"

(17) זָכַר (기억하다), 칼, "네(f)가 기억하였다"

(18) מָלַךְ (왕이 되다), 힢일, "네(m)가 왕이 되게 하였다"

(19) מָלַךְ (왕이 되다), 힢일, "그들이 왕이 되게 하였다"

(20) זָכַר (기억하다), 칼, "내가 기억하였다"

(21) זָכַר (기억하다), 칼, "그들이 기억하였다"

(22) זָכַר (기억하다), 칼, "너희(f)가 기억하였다"

(23) זָכַר (기억하다), 힢일, "내가 기억하게 하였다"

(24) קְטַל (죽이다), 닢알, "너희(f)가 죽임을 당하였다", "너희가 스스로를 죽였다"

(25) קָטַל (죽이다), 힢일, "그녀가 죽이게 했다"

(26) קָטַל (죽이다), 히트파엘, "네(f)가 스스로를 잔인하게 죽였다"

(27) קָטַל (죽이다), 피엘, "너희(m)가 잔인학게 죽였다"

(28) קָטַל (죽이다), 푸알, "네(m)가 잔인하게 죽임을 당했다"

(29) קָטַל (죽이다), 피엘, "그들이 잔인하게 죽였다"

(30) קָטַל (죽이다), 힢일, "우리가 죽이게 하였다"

(31) פָּקַד (방문하다), 푸알, "내가 방문을 받았다"

(32) שָׁלַח (보내다), 피엘, "그들이 보냈다"

2.

(1) 하나님이 아담(그 사람)을 그 땅에서 만드셨다. (2) 그가 아브라함과 맺은 그의 언

약(계약)을 영원히 기억하였다.[20] (3) 내가 이 백성과 언약을 맺었다.[21] (4) 이삭이 말하였다. "그 목소리는 야곱의 목소리인데, 그 두 손은 에서의 손이로구나!"[22] (5) 하나님은 (당신이) 만드신 것을 보셨다. 그리고 보라![23] 매우 좋았다! (6) 우리는 여호와(야웨, 주) 곧 이스라엘의 하나님의 율법을 지키지 않았습니다. (7) 에서는 그의 장자권을 야곱에게 팔았다. (8) 야곱은 에서가 가진 그 장자권을 그에게 요구하였다.[24] (9) 내가 이삭으로 하여금 그 하늘과 그 땅을 만드신 여호와 하나님으로 맹세하게 하였다.

---

20 우리말에서는 '계약을 맺다'라고 표현함으로 목적어는 '계약', 동사는 '맺다'라는 표현을 관용적으로 사용하지만 히브리어는 '계약'과 함께 사용되는 동사는 주로 '자르다'라는 כָּרַת이며 간혹 '세우다'라는 קוּם과 함께 사용되기도 한다.

21 동사 כָּרַת처럼 마지막 철자가 ת이고 다음에 오는 인칭대명사 접미어가 יתִּ처럼 ת가 중복되는 경우 ת를 하나만 쓰고 대신에 경강점(dagesh forte)를 찍어준다.

22 주로 אָמַר가 이끄는 절 다음에는 직접화법이 나타난다. 그러므로 אָמַר와 דִּבֶּר와 같은 동사가 나타나면 다음에 직접화법의 문장이 나타날 것을 기대하고 번역하면 훨씬 문장을 파악하기가 쉬워진다. 특히 לֵאמֹר '말하기를'이 나타나면 바로 다음에 직접화법의 문장이 나타난다.

23 הִנֵּה는 실제로 '보라!'는 의미가 아니라 주의를 환기시키는 표현이다.

24 '~에게 요구하다'는 의미로 בִּקֵשׁ가 사용될 때 전치사 מִן이 사용된다.

7과

미완료 시상
미완료의 기본 형태
동사의 분류

[단어]

מָצָא	발견하다	אָכַל	먹다	כָּתַב	쓰다(write)
שָׁכַב	눕다	כָּבֵד	무거운, 무겁다	עָשַׁק	억압하다, 강탈하다
הָיָה	이다, 있다	קָטֹן	작은, 작다	מְאוּמָה	어떤 것
מוּת	죽다	קָרָא	부르다, 칭하다	רָדַף	추적하다
אֲדֹנָי, אָדוֹן	주, 주인	שָׁפַךְ	붓다, 쏟다	חַיִל	힘, 세력
קָרַב	가까이 가다	רוּחַ	영, 바람	עוֹד	더, 아직
שָׁפַט	재판하다	כָּל-, כֹּל	모든(all, every)	סָמַךְ	지지하다
עָבַד	일하다, 예배하다	בָּשָׂר	육체	חוֹמָה	성벽
כָּרַת	자르다	שָׁלַךְ	던지다	נָא	(부) 제발
נָפַל	떨어지다(fall)	עוֹד	(부) 더, 아직	עוֹלָם	(부)영원히, (명)영원

7과 단어 퀴즈
holyword.org/heb_gram/words_7.html

1. 미완료 시상(imperfective)

○ 미완료 시상은 시제와 관계없이 완료되지 않은 상태를 나타내기는 하지만, 실제로는 미래시제(future tense)로 가장 많이 사용된다.

○ 미완료의 접두어와 어미

인칭과 성	단수		복수	
3. m.	יָ ---------	그가	יָ --------- וּ	그들이
3. f.	תָ ---------	그 여자가	תָ --------- נָה	그녀들이
2. m.	תָ ---------	네(m)가	תָ --------- וּ	너희들(m)이
2. f.	תָ --------- יִ	네(f)가	תָ --------- נָה	너희들(f)이
1. c.	אָ ---------	내가	נָ ---------	우리들이

① 접두어는 **יתאנ**(이트온), 이렇게 네 가지이고, 접미어는 '이(f.s.), 우(m.pl.), 나 (f.pl.), 우(m.pl.), 나(f.pl.)'로 구성되어 있다. 즉, 단수에서는 2인칭 여성에서만 접 미어가 있고('ִי), 복수에서는 남성은 '우(וּ)'이고 여성은 '나(נָה)'이다. 1인칭의 접 두어는 인칭대명사의 흔적이라 할 수 있다. **א**는 **אֲנִי**의 흔적이고 **נ**는 **אֲנַחְנוּ**의 흔 적이다.

② 이와 같은 접두어와 접미어를 7가지 동사에 대입하면 각각의 미완료 형태가 되는 데, 약간의 모음 변형이 나타난다.

2. 7가지 동사의 미완료 형태

	단순형	강조형	사역형
능동태	칼(קַל) יִקְטֹל	피엘(פִּעֵל) יִקַטֵּל	힢일(הִפְעִיל) יַקְטִיל
수동태	닢알(נִפְעַל) יִקָטֵל	푸알(פֻּעַל) יְקֻטַּל	홒알(הֻפְעַל) יָקְטַל
중간태(재귀태)	닢알(נִפְעַל) יִקָטֵל	히트파엘(הִתְפַּעֵל) יִתְקַטֵּל	

○ 칼(Qal) 미완료 변화

인칭과 성	단수		복수	
3. m.	יִקְטֹל	그가 죽일 것이다	יִקְטְלוּ	그들이 죽일 것이다
3. f.	תִּקְטֹל	그 여자가 죽일 것이다	תִּקְטֹלְנָה	그녀들이 죽일 것이다
2. m.	תִּקְטֹל	네(m)가 죽일 것이다	תִּקְטְלוּ	너희들(m)이 죽일 것이다
2. f.	תִּקְטְלִי	네(f)가 죽일 것이다	תִּקְטֹלְנָה	너희들(f)이 죽일 것이다
1. c.	אֶקְטֹל	내가 죽일 것이다	נִקְטֹל	우리들이 죽일 것이다

① 칼(Qal) 미완료의 기본형은 יִקְטֹל (3인칭 남성 단수)이다.

② 접미어가 모음으로 시작되는 2인칭 여성 단수(ִי)와 2, 3인칭 남성 복수(וּ)에서는 이 접미어의 모음과 결합하는 음절 바로 앞 음절의 모음이 '유성 쉐바'(ְ)로 바뀐다.

תִּקְטְלִי, תִּקְטְלוּ

③ 1인칭 단수의 접두어가 후음인 '알렙(א)'이므로 '히렉'이 '쎄골'로 바뀌어 אֶ이 된다.

④ 실제로 분석(parsing)할 때는 접두어와 접미어를 먼저 파악하고, 다음으로 모음의 원형을 파악한다.

○ 닢알(Niphal) 미완료 변화

인칭과 성	단수		복수	
3. m.	יִקָּטֵל	그가 죽임을 당할 것이다	יִקָּטְלוּ	그들이 죽임을 당할 것이다
3. f.	תִּקָּטֵל	그 여자가 죽임을 당할 것이다	תִּקָּטַלְנָה	그녀들이 죽임을 당할 것이다
2. m.	תִּקָּטֵל	네(m)가 죽임을 당할 것이다	תִּקָּטְלוּ	너희들(m)이 죽임을 당할 것이다
2. f.	תִּקָּטְלִי	네(f)가 죽임을 당할 것이다	תִּקָּטַלְנָה	너희들(f)이 죽임을 당할 것이다
1. c.	אֶקָּטֵל	내가 죽임을 당할 것이다	נִקָּטֵל	우리들이 죽임을 당할 것이다

① 닢알(Niphal) 미완료의 기본형은 יִקָּטֵל (3인칭 남성 단수)이다.

② 닢알의 접두어 '눈(נ)'이 약하기 때문에 다음 철자에 동화되어 '경강점'으로 흔적을 남긴다. 이 경강점은 닢알형을 구별하는 중요한 단서가 된다.

○ 피엘(Piel) 미완료 변화

인칭과 성	단수		복수	
3. m.	יְקַטֵּל	그가 잔인하게 죽일 것이다	יְקַטְּלוּ	그들이 잔인하게 죽일 것이다
3. f.	תְּקַטֵּל	그 여자가 잔인하게 죽일 것이다	תְּקַטֵּלְנָה	그녀들이 잔인하게 죽일 것이다
2. m.	תְּקַטֵּל	네(m)가 잔인하게 죽일 것이다	תְּקַטְּלוּ	너희들(m)이 잔인하게 죽일 것이다
2. f.	תְּקַטְּלִי	네(f)가 잔인하게 죽일 것이다	תְּקַטֵּלְנָה	너희들(f)이 잔인하게 죽일 것이다
1. c.	אֲקַטֵּל	내가 잔인하게 죽일 것이다	נְקַטֵּל	우리들이 잔인하게 죽일 것이다

① 1인칭 단수 접두어의 모음에 유의하라. '알렢'이 후음이기 때문에 '합성 쉐바'가 되었다.

② 모음으로 동사의 형태를 파악하고, 접두어와 접미어로 인칭과 성, 수를 파악한다.

○ 푸알(Pual) 미완료 변화

인칭과 성	단수		복수	
3. m.	יְקֻטַּל	그가 잔인하게 죽임을 당할…	יְקֻטְּלוּ	그들이 잔인하게 죽임을 당할 것…
3. f.	תְּקֻטַּל	그 여자가 잔인하게 죽임을 당…	תְּקֻטַּלְנָה	그녀들이 잔인하게 죽임을 당할…
2. m.	תְּקֻטַּל	네(m)가 잔인하게 죽임을 당…	תְּקֻטְּלוּ	너희들(m)이 잔인하게 죽임을…
2. f.	תְּקֻטְּלִי	네(f)가 잔인하게 죽임을 당할…	תְּקֻטַּלְנָה	너희들(f)이 잔인하게 죽임을 당…
1. c.	אֲקֻטַּל	내가 잔인하게 죽임을 당할…	נְקֻטַּל	우리들이 잔인하게 죽임을 당할…

① 1인칭 단수 접두어의 모음이 '피엘'과 같다.

② 피엘과 푸알은 미완료에서도 동사의 기본형태가 잘 보존되어 있다.

○ 히트파엘(Hithpael) 미완료 변화

인칭과 성	단수		복수	
3. m.	יִתְקַטֵּל	그가 자신을 잔인하게 죽일 것이다	יִתְקַטְּלוּ	그들이 자신을 잔인하게 죽일 것이다
3. f.	תִּתְקַטֵּל	그 여자가 자신을 잔인하게…	תִּתְקַטֵּלְנָה	그녀들이 자신을 잔인하게 죽일…
2. m.	תִּתְקַטֵּל	네(m)가 자신을 잔인하게…	תִּתְקַטְּלוּ	너희들(m)이 자신을 잔인하게…
2. f.	תִּתְקַטְּלִי	네(f)가 자신을 잔인하게 죽…	תִּתְקַטֵּלְנָה	너희들(f)이 자신을 잔인하게…
1. c.	אֶתְקַטֵּל	내가 나를 잔인하게 죽일 것…	נִתְקַטֵּל	우리들이 자신을 잔인하게 죽일…

① 동사의 본래 접두어 '헤(ה)'는 미완료 접두어 '이트온(יתאנ)'에 동화된 상태라서 그 흔적이 남아 있지 않는다. 즉 히트파엘의 미완료는 יִתְהִתְקַטֵּל이 아니라 יִתְקַטֵּל 로 축약된다.

② 동사 어근의 첫 자음이 치찰음(ס, צ, ז, שׂ, שׁ)인 경우에는 ת와 순서가 바뀐다.

   יִסְתַּקֵּל

○ 힢일(Hiphil) 미완료 변화

인칭과 성	단수		복수	
3. m.	יַקְטִיל	그가 죽이도록 시킬 것이다	יַקְטִילוּ	그들이 죽이도록 시킬 것이다
3. f.	תַּקְטִיל	그 여자가 죽이도록 시킬 것이다	תַּקְטֵלְנָה	그녀들이 죽이도록 시킬 것이다
2. m.	תַּקְטִיל	네(m)가 죽이도록 시킬 것이다	תַּקְטִילוּ	너희들(m)이 죽이도록 시킬 것이다
2. f.	תַּקְטִילִי	네(f)가 죽이도록 시킬 것이다	תַּקְטֵלְנָה	너희들(f)이 죽이도록 시킬 것이다
1. c.	אַקְטִיל	내가 죽이도록 시킬 것이다	נַקְטִיל	우리들이 죽이도록 시킬 것이다

① 힢일 미완료의 가장 큰 특징들로는 접두어 모음이 '파타흐'라는 사실과 종음절 모음이 '히렉 요드' 순장모음이라는 사실이다. 접두어는 항상 변화가 없으며, '히렉 요드'는 복수 여성형이 '체레'로 바뀌는 것을 제외하고는 항상 '히렉 요드'를 유지한다.

② 접두어 '헤(ה)'를 가진 동사들(히트파엘, 힢일, 홒알)은 미완료 접두어를 만나는 경우 미완료 접두어인 '이트온(יתאנ)'에 동화되어 ה가 나타나지 않는다.

○ 홒알(Hophal) 미완료 변화

인칭과 성	단수		복수	
3. m.	יָקְטַל	그가 죽이도록 시킴을 받을 것이다	יָקְטְלוּ	그들이 죽이도록 시킴을 받을 것이다
3. f.	תָּקְטַל	그 여자가 죽이도록 시킴을 받…	תָּקְטַלְנָה	그녀들이 죽이도록 시킴을 받…
2. m.	תָּקְטַל	네(m)가 죽이도록 시킴을…	תָּקְטְלוּ	너희들(m)이 죽이도록 시킴을…
2. f.	תָּקְטְלִי	네(f)가 죽이도록 시킴을 받…	תָּקְטַלְנָה	너희들(f)이 죽이도록 시킴을 받…
1. c.	אָקְטַל	내가 죽이도록 시킴을 받을…	נָקְטַל	우리들이 죽이도록 시킴을 받…

○ 완료와 미완료의 기본형 총정리 ★ 반드시 암기 ★

	단순형		강조형			사역형	
	칼	닢알	피엘	푸알	히트파엘	힢일	훞알
완료	קָטַל	נִקְטַל	קִטֵּל	קֻטַּל	הִתְקַטֵּל	הִקְטִיל	הָקְטַל
미완료	יִקְטֹל	יִקָּטֵל	יְקַטֵּל	יְקֻטַּל	יִתְקַטֵּל	יַקְטִיל	יָקְטַל

7가지 동사 줄기의 완료와 미완료 퀴즈
holyword.org/heb_gram/verb_stems.html

3. 동사의 분류

○ 행동사와 (상)태동사

히브리어의 동사는 '행동사'(action verb)와 '(상)태동사'(stative verb)로 나뉜다. 종음절의 모음이 ◌인 경우 주로 행동사이고, 종음절의 모음이 ◌, ◌인 경우는 태동사이다.

　　　　행동사: קָטַל 태동사: כָּבֵד, קָטֹן

○ 태동사의 어형변화(굴절)

① 완료

• 종음절이 ◌인 태동사는 기본형인 3인칭 남성 단수만 ◌를 유지하고 나머지는 ◌로 바뀐다(동사변화표 כָּבֵד 참조). 다만 동사의 기본원칙인 '모음으로 시작되는 접미어'가 오는 경우 ◌로 바뀐다.

　　　　כָּבְדָה, כָּבְדוּ

• 종음절이 ◌인 태동사는 본래의 모음을 유지한다. 다만 동사의 기본원칙인 모음으로 시작되는 접미어가 오는 경우 ◌로 바뀐다(동사변화표 קָטֹן 참조).

② 미완료

종음절이 ◌, ◌인 동사 모두 미완료에서는 ◌로 바뀐다. 결과적으로 행동사의 종음절이 ◌로 바뀌고 태동사의 종음절이 ◌에서 ◌로 바뀌는 현상이 나타난다.

　　　　יִקְטַן → קָטֹן, יִקְטֹל → קָטַל

③ 명령형과 부정사 연계형

태동사의 명령형은 행동사의 명령형과 마찬가지로 미완료 2인칭의 접두어 תִּ가 없는 형태이기 때문에 본래의 종음절 모음과 달리 ◌가 나타나지만, 부정사 연계형은 행동사의 부정사 연계형처럼 종음절이 ◌이다.

　　　　명령형: כְּבַד(<תִּכְבַּד), כִּבְדוּ(<תִּכְבְּדוּ)
　　　　부정사 연계형: שְׂנֹא, קְרֹב

지금까지 설명한 어형변화들은 기본변화를 숙지하고 있으면 어렵지 않게 분석(pars-ing)할 수 있다. 다만 약간의 변화 가능성을 염두에 두면 된다.

7과 연습문제

1. 다음을 분석하고 번역하시오.

예) יִקְטֹל : **קטל** 칼, 미완료, 3인칭, 남성, 단수, "그가 죽일 것이다"

(1) תִּקְטְלִי

(2) אֶקְטֹל

(3) יִקְטְלוּ

(4) תִּקְטְלוּ

(5) תִּקְטֹל

(6) יִקְטֹל

(7) תִּקְטְלִי

(8) תִּקְטְלוּ

(9) תִּקְטֹלְנָה

(10) נִקָּטֵל

(11) יְקַטֵּל

(12) תְּקַטֵּלְנָה

(13) תְּקַטֵּל

(14) יְקַטְּלוּ

(15) אֲקַטֵּל

(16) תְּקַטֵּל

(17) אֶקֱטַל

(18) תְּקַטְּלוּ

(19) נְקַטַּל

(20) תְּקַטְּלִי

(21) תִּתְקַטֵּל

(22) תִּתְקַטְּלוּ

(23) יִתְקַטֵּל

(24) אַקְטִיל

(25) תַּקְטִילִי

(26) תַּקְטֵלְנָה

(27) יְקַטֵּל

(28) נְקַטֵּל

(29) תְּקַטֵּל

(30) אֲקַטֵּל

(31) יְקֻטַּל

(32) תְּקֻטַּל

(33) יְקֻטְּלוּ

(34) אֲקֻטַּל

(35) נְקֻטַּל

(36) יִתְקַטְּלוּ

(37) תִּקְקַטֵּלְנָה

(38) תַּקְטִיל

(39) תָּקְטְלוּ

(40) אָקְטַל

(41) שִׁבֵּר

(42) שָׁבְרוּ

(43) יִשְׁלַח

(44) תִּשְׁלַח

(45) לְקַחְתֶּם

(46) נִקְטְלָה

(47) אָכְלוּ

(48) הָקְטַלְתִּי

(49) אֶקְרָא

(50) יַלְקִיחוּ

(51) נַשְׁלִיךְ

2. 다음을 번역하시오.

(1) לֹא־תִשְׁמְרוּ אֶת־הָאָרֶץ בַּיּוֹם הַהוּא׃

(2) אֲנַחְנוּ נִכְרֹת עֵצִים מִן־הָהָר׃

(3) בַּיּוֹם הַהוּא אֶשְׁפֹּךְ אֶת־רוּחִי עַל־כָּל־בָּשָׂר׃

(4) אֶת־כָּל־אֲשֶׁר תִּכְתֹּב בַּסֵּפֶר נִשְׁמֹר בְּכָל־לְבָבֵנוּ׃

(5) כָּל־הָעָם אָמַר לֹא־עָשַׁקְתָּ אִישׁ וְלֹא־לָקַחְתָּ מִיַּד אִישׁ מְאוּמָה׃

(6) לֹא יִרְדְּפוּ גִּבֹּרֵי הַחַיִל עוֹד אַחֲרֶיךָ׃

(7) יִסְמֹךְ הַזָּקֵן עַל־הַחוֹמָה וּבְסֵפֶר הַתּוֹרָה יִקְרָא לִפְנֵי הָעָם וְהֵם יִשְׁמְעוּ אֵלָיו׃

연습문제 해답

7과 연습문제 해설
youtu.be/NN35hlunqBI?si=HPWUngzp2sVKHm9P

1.
(1) קטל 칼, 미완료, 2인칭, 여성, 단수, "네(f)가 죽일 것이다"
(2) קטל 칼, 미완료, 1인칭, 공성, 단수, "내가 죽일 것이다"
(3) קטל 칼, 미완료, 3인칭, 공성, 복수, "그들이 죽일 것이다"
(4) קטל 칼, 미완료, 2인칭, 남성, 복수, "너희(m)가 죽일 것이다"

(5) **קטל** 칼, 미완료, 3인칭, 여성, 단수, "그녀가 죽일 것이다", 혹은 2인칭, 남성, 단수, "네(m)가 죽일 것이다"

(6) **קטל** 닢알, 미완료, 3인칭, 남성, 단수, "그가 죽임을 당할 것이다" 혹은 "그가 스스로를 죽일 것이다"

(7) **קטל** 닢알, 미완료, 2인칭, 여성, 단수, "네(f)가 죽임을 당할 것이다" 혹은 "네가 스스로를 죽일 것이다"

(8) **קטל** 닢알, 미완료, 2인칭, 남성, 복수, "너희(m)가 죽임을 당할 것이다" 혹은 "너희가 스스로를 죽일 것이다"

(9) **קטל** 닢알, 미완료, 3인칭 혹은 2인칭, 여성, 복수, "그녀들이 혹은 너희(f)가 죽임을 당할 것이다" 혹은 "그녀들이 혹은 너희가 스스로를 죽일 것이다"

(10) **קטל** 닢알, 미완료, 1인칭, 공성, 복수, "우리가 죽임을 당할 것이다" 혹은 "우리가 스스로를 죽일 것이다"

(11) **קטל** 피엘, 미완료, 3인칭, 남성, 단수, "그 남자가 잔인하게 죽일 것이다"

(12) **קטל** 피엘, 미완료, 2인칭 혹은 3인칭, 여성, 복수, "너희(f)가 잔인하게 죽일 것이다" 혹은 "그녀들이 잔인하게 죽일 것이다"

(13) **קטל** 피엘, 미완료, 3인칭, 여성, 단수, 혹은 2인칭, 남성, 단수, "그녀가 혹은 네(m)가 잔인하게 죽일 것이다"

(14) **קטל** 피엘, 미완료, 3인칭, 남성, 복수, "그 남자들이 잔인하게 죽일 것이다"

(15) **קטל** 피엘, 미완료, 1인칭, 공성, 단수, "내가 잔인하게 죽일 것이다"

(16) **קטל** 푸알, 미완료, 3인칭, 여성, 단수 혹은 2인칭, 남성, 단수, "그녀가 혹은 네(m)가 잔인하게 죽임을 당할 것이다"

(17) **קטל** 푸알, 미완료, 1인칭, 공성, 단수, "내가 잔인하게 죽임을 당할 것이다"

(18) **קטל** 푸알, 미완료, 2인칭, 남성, 복수, "너희(m)가 잔인하게 죽임을 당할 것이다"

(19) **קטל** 푸알, 미완료, 1인칭, 공성, 복수, "우리가 잔인하게 죽임을 당할 것이다"

(20) **קטל** 푸알, 미완료, 2인칭, 여성, 단수, "네(f)가 잔인하게 죽임을 당할 것이다"

(21) **קטל** 히트파엘, 미완료, 3인칭, 여성, 단수, 혹은 2인칭, 남성, 단수, "그녀가 혹은 당신(m)이 스스로를 잔인하게 죽일 것이다.

(22) **קטל** 히트파엘, 미완료, 2인칭, 남성, 복수, "너희(m)가 스스로를 잔인하게 죽일 것

이다."

(23) קטל 히트파엘, 미완료, 3인칭, 남성, 단수, "그 남자가 스스로를 잔인하게 죽일 것이다.

(24) קטל 힢일, 미완료, 1인칭, 공성, 단수, "내가 죽게 할 것이다"

(25) קטל 힢일, 미완료, 2인칭, 여성, 단수, "네(f)가 죽게 할 것이다"

(26) קטל 힢일, 미완료, 3인칭, 여성, 복수 혹은 2인칭, 여성, 복수, "그녀들이 스스로를 죽일 것이다.' 혹은 '너희(f)가 스스로를 잔인하게 죽일 것이다"

(27) קטל 홒알, 미완료, 3인칭, 남성, 단수, "네(m)가 죽임을 당하게 할 것이다"

(28) קטל 홒알, 미완료, 1인칭, 공성, 복수, "우리가 죽임을 당하도록 시킬 것이다"

(29) קטל 홒알, 미완료, 3인칭, 여성, 단수 혹은 2인칭, 남성, 단수, "그녀가 혹은 네(m)가 죽임을 당하도록 할 것이다"

(30) קטל 홒알, 미완료, 1인칭, 공성, 단수, "내가 죽임을 당하도록 할 것이다"

(31) קטל 칼, 미완료, 3인칭, 남성, 단수, "그가 죽일 것이다"

(32) קטל 닢알, 미완료, 3인칭, 여성, 단수 혹은 2인칭, 남성, 단수 "그녀가 혹은 네(m)가 죽임을 당할 것이다" 혹은 "그녀가 혹은 '네(m)가 스스로를 죽일 것이다"

(33) קטל 푸알, 미완료, 3인칭, 남성, 복수, "그 남자들이 잔인하게 죽임을 당할 것이다"

(34) קטל 닢알, 미완료, 1인칭, 공성, 단수, "내가 죽임을 당할 것이다" 혹은 "내가 스스로를 죽일 것이다"

(35) קטל 칼, 미완료, 1인칭, 공성, 복수, "우리가 죽일 것이다"

(36) קטל 히트파엘, 미완료, 3인칭, 공성, 복수, "그 남자들이 스스로를 잔인하게 죽일 것이다"

(37) קטל 푸알, 미완료, 3인칭, 혹은 2인칭, 여성, 복수, "그녀들이 혹은 너희(f)가 잔인하게 죽임을 당할 것이다"

(38) קטל 힢일, 미완료, 3인칭, 여성, 단수 혹은 2인칭, 남성, 단수, "그녀가 혹은 네(m)가 죽게 할 것이다"

(39) קטל 홒알, 미완료, 2인칭, 남성, 복수, "너희(m)가 죽임을 당하게 할 것이다"

(40) קטל 홒알, 미완료, 1인칭, 공성, 단수, "내가 죽임을 당하게 할 것이다"

(41) שבר 피엘, 완료, 3인칭, 남성, 단수, "그 남자가 완전히 부셔버렸다"

(42) שבר 칼, 완료, 3인칭, 공성, 복수, "그들이 부셨다"

(43) שלח 칼, 미완료, 3인칭, 남성, 단수, "그가 보낼 것이다"

(44) שלח 칼, 미완료, 3인칭, 여성, 단수 혹은 2인칭, 남성, 단수, "그녀가 혹은 네(m)가 보낼 것이다"

(45) לקח 푸알, 완료, 2인칭, 남성, 복수, "너희(m)가 취해졌다(taken)"

(46) קטל 닢알, 완료, 3인칭, 여성, 단수, "그녀가 죽임을 당했다" 혹은 "그녀가 스스로를 죽였다"

(47) אכל 푸알, 완료, 3인칭, 공성, 복수, "그들이 완전히 먹힘을 당했다"

(48) קטל 홋알, 완료, 1인칭, 공성, 단수, "내가 죽임을 당하도록 하였다"

(49) קרא 닢알, 미완료, 1인칭, 단수, "내가 불릴 것이다" 혹은 "내가 스스로를 부를 것이다"

(50) לקח 힢일, 미완료, 3인칭, 남성, 복수, "그들이 취하게(take) 할 것이다"

(51) כרת 힢일, 미완료, 1인칭, 공성, 복수, "우리가 자르게 할 것이다"

2.

(1) 너희(m)가 그 날에 그 땅을 지키지 않을 것이다.

(2) 우리가 그 산에서 나무들을 자를 것이다.

(3) 그 날에 내가 나의 영을 모든 육체 위에 부을 것이다.

(4) 당신(m)이(혹은 그녀가) 그 책에 쓸 모든 것을 우리가 우리의 온 맘으로 지킬 것입니다.

(5) 그 모든 백성이 말하였습니다. "당신은 사람을 압제하지 않았고 사람의 손에서 어떤 것도 취하지 않았습니다."

(6) 그 군대의 용사들이 더 이상 당신의 뒤를 추적하지 않을 것입니다.

(7) 그 장로가 그 성벽에 대고 그 백성 앞에서 율법책을 낭독할 것이며,[25] 그들은 그에게 귀기울일 것입니다(들을 것입니다).

---

25 동사 קָרָא가 직접목적어를 이끄는 불변화사 אֶת가 아닌 전치사 בְּ와 결합하여 '~을 읽다'라는 의미로 사용되는 경우는 주로 후기성서히브리어인 '느헤미야'에 나타난다.

8과

명령형, 부정사, 분사
연장형
단축형
바브 연속법

[단어]

חָדַל	그치다, 마치다	בִּלְתִּי	~을 제외하고	יָרַד	내려가다
רָקִיעַ	궁창(빈공간)	לְבִלְתִּי	~않도록	נְבֵלָה	시체
מִשְׁפָּט	공의, 계명	שָׁאַל	묻다, 요청하다	קֶבֶר	무덤
שָׂרָה	사라(인명)	מִצְוָה	명령, 계명	אֲבִימֶלֶךְ	아비멜렉
צָחַק	웃다	שָׁבַת	그치다	חֲלוֹם	꿈
כּוֹכָב	별	שַׁבָּת	안식일	אֹכֶל	음식
לְמַעַן	~하기 위하여	דְּבַשׁ	꿀	הִנֵּה	보라!
שָׂרַף	불사르다	סָפַר	세다, (Pi)설명하다	עָבַר	지나가다, 건너가다
עַיִן	눈(eye), 샘	אָיַב	미워하다, 적이되다	סָפַד	애곡하다, 슬퍼하다
שָׁם	거기에	גָּנַב	훔치다	לַיְלָה	밤
פָּרַד	분리하다	מָצָא	발견하다	שִׁפְחָה	여종

8과 단어 퀴즈
holyword.org/heb_gram/words_8.html

1. 명령형, 부정사, 분사

1) 명령형, 부정사, 분사의 형태

○ 히브리어에서 명령형, 부정사, 분사는 미완료(imperfective)에서 파생한 미완료류로 분류할 수 있다.[26]

---

26 아카드어와 같은 동족어들과 비교연구에 따르면 이와는 다른 설명이 가능하다. 그러나 나타난 결과만 놓고 볼 때 미완료에서 파생한 것으로 본다. 기초 히브리어 문법에서는 편의상 명령법, 부정사, 분사를 모두 미완료 형태에서 유추할 것이다.

① 명령형: 미완료의 접두어를 떼거나 '헤(ה)'로 대체한다. 모음은 힢일을 제외하고 는 그대로 유지된다.

- 본래 접두어가 없는 동사인 '칼', '피엘', '푸알'은 2인칭 접두어 ת를 뗀 상태.

קְטֹל, קַטֵּל, קֻטַּל

- 본래 접두어가 있는 '닢알', '히트파엘', '힢일', '홒알'의 명령형은 2인칭 접두어 ת 대신에 ה를 접두시킨 상태.

הִקָּטֵל, הִתְקַטֵּל, הַקְטֵל, הָקְטַל

② 부정사: 히브리어의 부정사는 절대로 변하지 않고 독립적으로 사용되는 '절대형' 과 전치사가 접두되거나 인칭대명사가 접미될 수 있는 '연계형'이 있다.

- 연계형[27] – **명령형(단수, 남성)과 형태가 같다.** 단, 힢일은 명령형이 부정사 절대 형과 같다. 성경 본문에서는 부정사 절대형보다 연계형이 압도적으로 자주 나타 나므로 연계형에 관심을 두어야 한다.
- 절대형 – 종음절의 모음이 וֹ나 ◌ֹ로 변형되어 나타난다. 칼, 닢알, 피엘, 푸알의 종음절 모음은 וֹ이고, 히트파엘, 힢일, 홒알(줄기들 중 ה가 접두되는 줄기들)의 종음절은 ◌ֹ이다.

③ 분사: 접두어를 떼거나 מ으로 대체하고 모음을 변형시킨다.

- 칼 – 미완료의 접두어를 떼고, 모음을 변형시킨다(불규칙).

능동: קֹטֵל, 수동: קָטוּל, 오직 '칼'에서만 능동태와 수동태가 존재한다. 다른 줄 기(stem)의 동사들은 그 자체가 나타내는 능동태 혹은 수동태만 존재한다.

- 닢알 – 마치 완료형에서 파생된 것처럼 종음절의 모음만 장모음화 된다. נִקְטָל
- 피엘, 푸알, 히트파엘, 힢일, 홒알 – 미완료의 접두어를 מ으로 대체한다. 모음은

---

27 연계형(construct form)이란 이름이 붙은 이유는 다른 요소들과 구조적으로 연결될 수 있는 형태이기 때 문이다. 즉 이 이름은 기능상의 이름이 아니라 형태론적 이름이다. 부정사 연계형은 전치사가 접두될 수 있으며 대명사 접미어가 접미될 수 있다. 예를 들어 창세기 2:15의 לְעָבְדָהּ וּלְשָׁמְרָהּ '그것을 경작하고 그 것을 지키도록'에서 전치사가 접두되고 대명사 접미어가 접미된 것을 볼 수 있다.

유지되나 명사화되기 때문에 단모음인 경우 장모음으로 바뀐다.

מְקֻטָּל ,מַקְטִיל ,מִתְקַטֵּל ,מְקֻטָּל

동사 기본형 총정리 퀴즈
holyword.org/heb_gram/8_total_verbs.html

	단순형		강의형			사역형	
	칼	닢알	피엘	푸알	히트파엘	힢일	훞알
완료	קָטַל	נִקְטַל	קִטֵּל	קֻטַּל	הִתְקַטֵּל	הִקְטִיל	הָקְטַל
미완료	יִקְטֹל	יִקָּטֵל	יְקַטֵּל	יְקֻטַּל	יִתְקַטֵּל	יַקְטִיל	יָקְטַל
명령형	קְטֹל	הִקָּטֵל	קַטֵּל	(קֻטַּל)	הִתְקַטֵּל	הַקְטֵל	(הָקְטַל)
부정사연계	קְטֹל	הִקָּטֵל	קַטֵּל	קֻטַּל	הִתְקַטֵּל	הַקְטִיל	(הָקְטַל)
부정사절대	קָטוֹל	הִקָּטֹל	קַטֵּל	קֻטַּל	(הִתְקַטֵּל)	הַקְטֵל	(הָקְטֵל)
분사 능동	קֹטֵל		מְקַטֵּל		מִתְקַטֵּל	מַקְטִיל	
분사 수동	קָטוּל	נִקְטָל		מְקֻטָּל			מָקְטָל

2) 부정사와 분사의 용법

○ 부정사의 용법 – 부정사 연계형

① 영어의 to 없는 부정사처럼 동사적 기능을 가진 명사로서 사용된다.

שָׁמֹר אֶת־מִשְׁפְּטֵי הַסֵּפֶר הַזֶּה טוֹב בְּעֵינֵי יהוה

"이 책의 정의들을 지키는 것(부정사 연계형)은 주의 눈에 선하다."

② 영어의 to부정사처럼 전치사 לְ와 결합하여 영어의 to부정사와 유사한 용법으로 사용된다.
  • '시작하다', '계속하다', '중단하다'와 같은 동사와 함께 'לְ + 부정사 연계형'이 사

용된다.

> **חָדַל לִסְפֹּר** "그는 세기를 중단했다."

여기서 **לִסְפֹּר**가 아니라 베가드케파트 문자인 **פ**에 연강점이 오는 **לִסְפֹּר**가 되는 이유는 전치사 **לְ**와 부정사 연계형이 결합하는 형태가 너무나 관습적으로 사용하다 보니 **פ** 앞의 유성 쉐바가 무성 쉐바가 되어 연강점이 오게 된 것이다.

- 목적을 나타내는 부사구로 '**לְ** + 부정사 연계형'이 사용된다.

> **לִזְבֹּחַ לַיהוה בָּאתִי** "나는 주께 제사하기 위하여 왔다."

'~하기 위하여'라는 뜻을 가진 **לְמַעַן**이 **לְ** 대신에 사용되기도 한다.

> **לְמַעַן סְפֹר**

③ 명사처럼 전치사나 대명사 접미어를 취할 수 있고, 동사처럼 목적격 대명사를 취할 수 있다.

> **בְּיוֹם אֲכָלְךָ מִמֶּנּוּ מוֹת תָּמוּת:**
> "네가 그것으로부터 먹는 날에 너는 반드시 죽을 것이다."[28]

④ 부정(no)의 의미를 가지고 있는 복합전치사 **לְבִלְתִּי**와 함께 사용되어 행위를 부정하기도 한다.

> **שָׁאַל מִן־הַמֶּלֶךְ לְבִלְתִּי שְׂרֹף אֶת־הָעִיר**
> "그는 그 성을 불사르지 않도록 왕에게 요구하였다."

○ 부정사의 용법 – 부정사 절대형
① 부정사 절대형은 앞뒤에 어떤 접사도 허용되지 않는다.
② 정동사와 같은 어근의 부정사 설대형은 정동사의 의미를 강조한다. 이 경우 부정

---

28 여기서 **אכל**의 부정사 연계형인 **אֲכֹל**의 대명사 접미어 **ךָ**는 주어와 같은 기능을 한다.

사 절대형은 정동사 앞에 온다.

שָׁמֹר שָׁמַרְתִּי אֶת־מִצְוֹתָיו "나는 그의 명령들을 확실히 지켰습니다."

③ 부정사 절대형의 계속적 용법으로 동작의 연속성을 나타내는 경우가 있는데, 이 때에 절대형은 정동사 뒤에 온다.

שִׁמְעוּ שָׁמוֹעַ "(너희는) 계속 들어라!"

④ 명령법으로 사용되는 경우가 있다. 예) 십계명

זָכוֹר אֶת־יוֹם הַשַּׁבָּת "안식일을 기억하라!"

○ 분사의 용법

히브리어의 분사는 '명사', '형용사', '동사의 진행이나 지속상'으로 사용된다. 기본적으로 동사에서 파생되었기 때문에 목적어를 가질 수 있다. 또한 명사적 기능을 할 수 있기 때문에 명사처럼 여러 가지 격으로 사용될 수 있다.

① 명사적 용법: 명사로서 문장의 주어나 목적어가 된다.

אָמַר הַבֹּרֵא אֶת־הָאָדָם אֶל־הַיֹּצֵר שְׁמֹר אֶת־הַיֹּצְרִים הַטּוֹבִים:
"아담(사람)을 창조하신 분이 그 토기장이에게 말씀하셨다. 그 선한 토기장이들을 지켜라!"

② 형용사적 용법: 형용사로서 명사를 수식한다.

הָאִישׁ הַכֹּתֵב '글을 쓰는 그 사람'
הָאִישׁ הַמַּאֲכִיל אֶת־הַסּוּס '그 말을 먹이는 그 사람'

③ 동사적 용법: 마치 형용사의 술어적 용법처럼 사용되지만 상적으로 계속되는 동작이나 상황을 나타낸다.

יֹשֵׁב הָאִישׁ בָּאָרֶץ הַגְּדֹלָה: "그 사람이 그 큰 땅에 거주하고 있다."

2. 연장형 혹은 청유법(Cohortative)

연장형이란 의미가 아닌 형태론적 명칭이다. 1인칭(단수와 복수) 미완료에 הָ를 접미시켜서 청유, 의향, 자기격려, 권유(1인칭 복수)와 같은 의미를 부여하는 것이 '연장형'이다. 의미론에 따른 용어는 '청유법'이다.[29]

אֶשְׁמְרָה "내가 지키고 싶다."(청유) 혹은 "내가 지키련다!"(의향)
נִשְׁמְרָה "우리가 지킵시다!"(권유)

3. 단축형 혹은 지시법(Jussive)

○ 형태론적 표현으로는 짧아진다는 의미에서 '단축형'이고 의미론적 표현으로는 명령법의 일종으로서 '지시법'이라 한다.

○ 주로 3인칭 단축형은 3인칭 명령법으로 사용되고, 2인칭 단축형은 부정어 אַל과 함께 '부정 명령법'으로 사용된다.

יִשְׁמֹר "그는 지킬찌니라!" (3인칭 명령)
אַל תִּקְטֹל "(너는) 죽이지 말아라!" (2인칭 부정 명령)

한편, 신적 금지와 같은 '금지 명령(Prohibition)'은 부정어 לֹא와 함께 사용된다.

○ 일반적인 미완료 형태와 단축형이 형태론적으로 구별되지 않는 경우가 많다.
　① 예를 들면 יִקְטֹל.은 미완료 형태와 단축형이 같다. 두 가지 형태가 구분되는 경우는

---

29 동사는 일반적으로 시제(tense), 상(aspect), 태(voice), 법(mood)을 가지고 있다. 히브리어는 우리에게 익숙한 서구 언어들과는 달리 독특한 특성들을 많이 가지고 있다. 그 중에서 '명령법'의 아류로 볼 수 있는 것들이 있는데 그것이 '청유법(연장형)', '지시법(단축형)'이다. 이 밖에도 영어에서는 주로 조동사로 표현하는 '법적 동사(modal verbs)'가 따로 없고 주로 '미완료 형태'가 문맥에 따라 법적 동사처럼 사용된다.

ה"ל동사나 ע"וי동사(9, 10과 약동사 참조)가 대부분을 차지한다. 예를 들어 גָּלָה 의 미완료는 יִגְלֶה인 반면에 단축형은 יִגֶל로 단축(어미 탈락 apocopated form)되고, קוּם의 미완료는 יָקוּם인 반면에 단축형은 יָקָם으로 단축된다.

② 또한 줄기 중에서 '히렉 요드(◌ִי)'를 모음으로 가지고 있는 '힢일'의 경우도 미완료와 단축형이 구별된다. 예를 들면 קָטַל의 힢일 미완료는 יַקְטִיל인 반면에 힢일 단축형은 יַקְטֵל로 단축된다.

4. 바브 연속법(Waw Consecutive)

○ 접속사 '바브(ו)'가 동사와 결합하여 동사의 형태와는 반대되는 시상을 나타내는 두 가지 형태가 있다. 완료와 결합하는 '바브 연속 완료'(Waw Consecutive Perfect)와 미완료와 결합하는 '바브 연속 미완료'(Waw Consecutive Imperfect)가 있다. 문제는 그 시제가 반대로 바뀌게 된다는 것이다. '바브 연속 완료'는 '미래 시제'(명령법 이후에 오는 바브 연속법 완료는 '명령법')가 되고, '바브 연속 미완료'는 '과거 시제'가 된다.[30] 이렇게 시제가 뒤바뀌는 현상 때문에 '전환된 완료'(inverted perfect)와 '전환된 미래'(inverted future)라 부르기도 한다.

○ 바브 연속법은 시간적, 혹은 논리적 연속성을 나타낸다. 내러티브 장르에서는 '바브 연속 미완료' 형태가 주로 나타난다. 반면에 '바브 연속 완료'는 직접 화법에서 주로 나타난다.

○ 바브 연속법의 형태
  ① 바브 연속 미완료: 미완료 + ◌ַו ☞ 예) וַיִּקְטֹל
  ② 바브 연속 완료: 완료 + ו ☞ 예) וְקָטַל

---

30 최근 학자들은 '바브 연속 미완료'가 사실은 고대의 과거 시제였던 yaqtul에서 파생되었고, '바브 연속 완료'는 일종의 상태동사인 qatel에서 파생된 것으로 보는 경우도 있다. 원-가나안어나 아카드어에서는 쉽게 이해되는 일이다.

○ 바브 연속법의 사용 예

　① 바브 연속법 미완료:

　　　לָקַח אֶת־הַסֵּפֶר וַיִּכְתֹּב "그가 그 책을 취하여 (글을) 썼다."- 과거시제의 연속

　② 바브 연속법 완료:

　　• יִמְצָא אֶת־הַמָּקוֹם וְשָׁכַב "그가 그 장소를 발견하여 누울 것이다." – 미래시제의 연속

　　• בַּקֵּשׁ אֶת־הָאִישׁ וּבֵרַךְ אֹתוֹ "그 사람을 찾아서 그를 축복하라!" 혹은 "그 사람을 찾아라, 그래서 그를 축복하라!" – 명령법의 연속(명령법은 일종의 미완료 형태이므로 바브 연속 완료로 미완료를 나타냄)

○ 바브 연속법과 혼동되는 형태들

　① 명령법 다음에 오는 '미완료 + וְ'와 '연장형 + וְ', 그리고 '단축형 + וְ'는 명령법의 부사절(명령의 목적을 나타내는 '~하기 위해')이므로 '바브 연속법 미완료'가 아니다. 물론 '바브 연속법 미완료'의 접속사 형태도 다르다(וַ).

　　　עִבְדוּ אֹתוֹ וְיִשְׁמֹר אֶתְכֶם "그가 너희를 지키도록 하기 위하여 그를 섬겨라!"

　② 바브 연속법은 접속사와 동사가 분리되어서는 안 된다. 그러므로 접속사 다음에 인칭대명사나 부정어가 끼게 되면 바브 연속법이 아니다.

　　다음의 예들은 바브 연속법이 아니다.

　　　וְלֹא יִשְׁכַּב "그리고 그는 눕지 않을 것이다."
　　　וַאֲנִי קָטַלְתִּי אֹתוֹ "그리고 나는 그를 죽였다."

　　둘 다 시제가 반대로 전환되는 바브 연속법이 아니라 본래 자신의 시제를 갖는 일반적인 문장이다.

8과 연습문제

1. 다음을 분석(parsing)하시오.

(1) קָטוֹל

(2) קִטְלִי

(3) קִטֵל

(4) קוֹטְלִים

(5) קִטְלוּ

(6) קוֹטְלוֹת

(7) קָטוֹל

(8) קְטוֹלוֹת

(9) קָטֹלְנָה

(10) לִקְטֹל

(11) הַקְטְלוּ

(12) הַקְטֵל

(13) נִקְטַל

(14) הַקְטְלִי

(15) קַטֵּל

(16) קַטֵּלְנָה

(17) מְקַטֵּל

(18) קַטֹּל

(19) קְטֹל

(20) מְקַטֵּל

(21) קֻטַּל

(22) מְפֻקָּד

(23) הִתְקַטֵּל

(24) מִתְקַטֵּל

(25) הִתְקַטְּלוּ

(26) הִתְקַטְּלִי

(27) הַקְטֵל

(28) הַקְטִילוּ

(29) הַקְטִיל

(30) מַקְטִיל

(31) הָקְטַל

(32) מָקְטָל

(33) הָקְטֵל

(34) זְכֹר

(35) הִפְּקְדִי

(36) נִפְקַד

(37) מְדַבֵּר

(38) הַפְקִיד

(39) פְּקֻדִים

(40) דִּבְּרוּ

(41) בַּקֵּשׁ

(42) מְפַקֵּד

(43) הָשְׁכַּב

(44) שָׁמֹר

(45) הַשָּׁבֵר

(46) הִשָּׁמֵר

(47) וַיִּשְׁמֹר

(48) וַיְשַׁבֵּר

(49) וַתְּבַקְשׁוּ

(50) אֶשְׁמְרָה

(51) נְדַבְּרָה

(52) אַל תְּדַבֵּר

2. 다음을 번역하시오.

(1) זְכֹר אֶת־שֵׁם הָאִישׁ הַזֶּה טוֹב בְּעֵינֵי אָדוֹן:

(2) חָדַל הַשַּׂר הַזֶּה לִסְפֹּר בַּיּוֹם הַהוּא:

(3) הַמֶּלֶךְ הַטּוֹב שָׁמַר אֶת־הַתּוֹרָה:

(4) שָׁלְחוּ הַמֹּשְׁלִים אֹתָם לְמִצְרָיִם:

(5) הָאִשָּׁה אָהֲבַת אֶת־הָאִישׁ:

(6) בָּא יוֹסֵף מֵאֶרֶץ מִצְרַיִם לִקְבֹּר אֶת־יַעֲקֹב:

(7) יָרְדוּ בְּנֵי יַעֲקֹב מִצְרַיְמָה לִשְׁבָּר־אֹכֶל:

(8) קָבְרוּ אֶת־נִבְלַת הַנָּבִיא הַזָּקֵן בַּקֶּבֶר אֲשֶׁר אִישׁ הָאֱלֹהִים קָבוּר שָׁם:

(9) אָמְרוּ מֹשְׁלֵי הָעָם הַזֶּה אַל תִּשְׂרְפוּ אֶת־נִבְלוֹת הָאֵלֶּה:

(10) אָמַר אֱלֹהִים אֶל־אֲבִימֶלֶךְ בַּחֲלוֹם הַלַּיְלָה הִנֵּה אַתָּה עָשׂוּק בְּיַד־הָאִשָּׁה אֲשֶׁר לָקָחְתָּ:

(11) הֲלֹא כָל־הָאָרֶץ לְפָנֶיךָ הִפָּרֶד נָא מֵעָלָי:

(12) וַיִּמְצָא מַלְאַךְ יְהוָה אֹתָהּ בַּמִּדְבָּר וַיֹּאמַר אֶל־הָגָר שִׁפְחַת שָׂרַי אֵי־מִזֶּה בָאת וְאָנָה תֵלֵכִי:

연습문제 해답

8과 연습문제 해설
youtu.be/NRQyf4ApOBs?si=1VPSuPh6qwUuRV4v

1.

(1) קטל 칼, 부정사 절대형, '죽이는 것'[31]

(2) קְטֹל 칼, 명령법, 여성, 단수, "(너 여자는) 죽여라!"

(3) קֹטֵל 칼, 분사, 능동, 남성, 단수, '죽이는 (남자)'

(4) קֹטְלִים 칼, 분사, 능동, 남성, 복수, '죽이는 (남자들)'

(5) קִטְלוּ 칼, 명령법, 남성, 복수, "(너희 남자들은) 죽여라!"

(6) קֹטְלוֹת 칼, 분사, 능동, 여성, 복수, '죽이는 (여자들)'

(7) קָטוּל 칼, 분사, 수동, 남성, 단수, '죽임을 당하는 (남자)'

(8) קְטוּלוֹת 칼, 분사, 수동, 여성, 복수, '죽임을 당하는 (여자들)'

(9) קְטֹלְנָה 칼, 명령법, 여성, 복수, "(너희 여자들은) 죽여라!"

(10) קְטֹל 칼, 부정사 연계형, 전치사 לְ '죽이도록(to kill)'

(11) קָטֵל 닢알, 명령법, 남성, 복수, "(너희 남자들은) 스스로를 죽여라!"

(12) הִקָּטֵל 닢알, 명령법 혹은 부정사 연계형, "(너 남자는) 스스로를 죽여라!" 혹은 '스스로를 죽이기'

(13) נִקְטָל 닢알, 분사, 수동, 남성, 단수, '죽임을 당하는 (남자)'[32]

(14) הִקָּטְלִי 닢알, 명령법, 여성, 단수, "(너 여자는) 스스로를 죽여라!"

(15) קַטֵּל 피엘, 명령법, 남성, 단수 혹은 부정사 연계형, "(너 남자는) 잔인하게 죽여라!" 혹은 '잔인하게 죽이기'

---

31 부정사 절대형의 용법은 주로 정동사 앞에 와서 정동사의 의미를 강조하거나 뒤에 와서 계속적인 용법으로 사용된다. 그러나 용법을 결정할 때 절대형의 위치보다 문맥이 더 중요하다. 또한 십계명에서 처럼 명령법으로 사용되는 경우도 있다.

32 언뜻 보기에는 '닢알 완료'와 비슷해 보이시만 닢알 완료는 두 번째 모음이 단모음 '파타흐'이다: נְקַטְל

(16) **קטל** 피엘, 명령법, 여성, 복수, "(너희 여자들은) 잔인하게 죽여라!"

(17) **קטל** 피엘, 분사, 남성, 단수, '잔인하게 죽이는 (남자)'

(18) **קטל** 피엘, 부정사 절대형, '잔인하게 죽이기'

(19) **קטל** 푸알, 부정사 절대형, '잔인하게 죽임을 당하기'

(20) **קטל** 푸알, 분사, 남성, 단수, '잔인하게 죽임을 당하는 (남자)'

(21) **קטל** 푸알, 부정사 연계형, '잔인하게 죽임 당하기'[33]

(22) **פקד** 푸알, 분사, 능동, 남성, 단수, '방문을 받는 (남자)', '빼앗기는 (남자)'[34]

(23) **קטל** 히트파엘, 명령법, 남성, 단수, "(너 남자는) 스스로를 잔인하게 죽여라!" 혹은 완료, 3인칭, 남성, 단수, "그 남자가 자신을 잔인하게 죽였다"

(24) **קטל** 히트파엘, 분사, 남성, 단수, '스스로를 잔인하게 죽인 (남자)'

(25) **קטל** 히트파엘, 명령법, 남성, 복수, "(너희 남자들은) 스스로를 잔인하게 죽여라!" 혹은 완료, 3인칭, 공성, 복수, "그들이 스스로를 잔인하게 죽였다"

(26) **קטל** 히트파엘, 명령법, 여성, 단수, "(너 여자는) 스스로를 잔인하게 죽여라!"

(27) **קטל** 힢일, 명령법, 남성, 단수, "(너 남자는) 죽게 해라!" 또는 부정사 절대형, '죽게 하기'

(28) **קטל** 힢일, 명령법, 남성, 복수, "(너희 남자들은) 죽게 해라!"

(29) **קטל** 힢일, 부정사 절대형, '죽게 하기'

(30) **קטל** 힢일, 분사, 남성, 단수, '죽게 하는 (남자)'

(31) **קטל** 홒알, 부정사 연계형, '죽임을 당하게 하기' 혹은 완료, 3인칭, 남성, 단수, "그가 죽임을 당하게 하였다"

(32) **קטל** 홒알, 분사, 남성, 단수, '죽임을 당하게 하는 (남자)'

(33) **קטל** 홒알, 부정사 절대형, '죽임을 당하게 하기'

(34) **זכר** 칼, 명령법, 남성, 단수, "(너 남자는) 기억하라!" 혹은 부정사 연계형 '기억하기'

---

33 이론적으로 '푸알 명령법'이 가능하지만 수동 명령법이 거의 나타나지 않기 때문에 명령법은 제외된다.

34 이것은 연습을 위한 것이지 실제로 동사 פקד가 푸알 분사 형태로 사용된 성경의 예는 없다. 푸알 완료로 사용된 예는 이사야 38장 10절로서 '빼앗기다'는 의미로 사용되었다.

(35) פקד 닢알, 명령법, 여성, 단수, "(너 여자는) 스스로를 심판하라!"

(36) פקד 닢알, 분사, 남성, 단수, '방문을 받는 (남자)'

(37) רבד 피엘, 분사, 남성, 단수, '말하는 (남자)'

(38) פקד 힢일, 부정사 연계형, '임명하기'

(39) פקד 칼, 분사, 능동,[35] 남성, 복수, '방문하는 (남자들)'

(40) רבד 피엘, 명령법, 남성, 복수, "(너희 남자들은) 말하라!"

(41) בקש 피엘, 명령법, 남성, 단수, "(너 남자는) 구하라!" 혹은 부정사 연계형, '구하기'

(42) פקד 홒알, 분사, 남성, 단수, '심판받은 (남자)'

(43) שכב 홒알, 부정사 연계형, '눕히기', 또는 완료, 3인칭, 남성, 단수, "그가 눕혀졌다"

(44) שמר 칼, 부정사 연계형, '지키기', 또는 명령법, 남성, 단수, "(너 남자는) 지켜라!"

(45) שבר 힢일, 부정사 절대형, '부수게 하기', 또는 명령법, 남성, 단수, "(너 남자는) 부수게 하라!"

(46) שבר 닢알, 부정사 연계형, '스스로를 지키기', 또는 명령법, 남성, 단수, "(너 남자는) 스스로를 지켜라!"

(47) שמר 칼, 바브연속 미완료, 3인칭, 남성, 단수, "그리고 그가 지켰다"

(48) שבר 닢알, 바브연속 미완료, 3인칭, 남성, 단수, "그리고 그가 깨졌다"

(49) בקש 피엘, 바브연속 미완료, 2인칭, 남성, 복수, "그리고 너희(남성)들이 요청하였다"

(50) שמר 칼, 청유법(연장형), 1인칭, 공성, 단수, "내가 지키리라!"

(51) דבר 피엘, 청유법(연장형), 1인칭, 공성, 복수, "우리가 말하자!"

(52) דבר 피엘, 지시법(단축형), 2인칭, 남성, 단수, 부정어 לֹא = 부정명령, "말하지 말라!"

---

35 '칼, 분사'는 능동과 수동이 있으므로 구분을 해주어야 한다.

2.

(1) 주의 눈에 선한 이 사람의 이름을 기억하라![36]

(2) 이 방백이 그 날에 세기(to count)를 그쳤다.

(3) 그 선한 왕이 율법을 지킨다.

(4) 그 통치자들이 그들을 이집트로 보냈다.

(5) 그 여자가 그 남자를 사랑한다.

(6) 요셉이 이집트 땅에서 야곱을 매장하기 위하여 왔다.

(7) 야곱의 자녀들이 양식을 사기 위하여 이집트로 내려갔다.

(8) 그들이 그 하나님의 사람이 묻힌 무덤에 그 늙은 선지자의 시신을 매장하였다.

(9) 이 백성의 통치자들이 말하였다. "이들의 시신들을 불태우지 말아라!"

(10) 하나님이 그 밤에 꿈에서 아비멜렉에게 말씀하셨다. "보라! 너는 네가 취한 여자의 손으로 인하여 압제받는다."

(11) 온 땅이 네 앞에 있지 않느냐?[37] (너는) 너 스스로를 나로부터 분리시켜라![38]

(12) 하나님의 사자가 광야에서 그녀를 발견하였다. 그런 다음에 그가 사래의 여종 하갈에게 말했다. "너는 어디서 왔으며 어디로 가느냐?"

---

36 이 문장은 다음과 같은 문장에서 관계사 אֲשֶׁר가 생략된 형태로 볼 수 있다:
זְכֹר אֶת־שֵׁם הָאִישׁ הַזֶּה אֲשֶׁר טוֹב בְּעֵינֵי אָדוֹן:

37 문두에 오는 הֲ는 의문문을 나타내는 편사(particle)이다. 경우에 따라 모음이 다르게 나타날 수 있다.

38 הִפָּרֶד는 פרד의 '닢알 명령법 남성 단수'로서 수동이나 재귀로 번역할 수 있다. 여기서는 재귀로 번역하였다.

9과

약동사 개요
1 · 2 유형 약동사

[단어]

קוּם	일어나다	סָבַב	둘러싸다	שָׁחַט	죽이다, 도축하다
גָּלָה	드러나다	מַלְאָךְ	천사, 사자	זָעַק	부르짖다
יָלַד	낳다	אֵיךְ	어떻게(how)	עָזַב	떠나다, 버리다
נָגַשׁ	접근하다	נֹחַ	노아	דֶּרֶךְ	길, 도
עָמַד	서다, 머물다	בָּנָה	(건물 등을) 짓다	פֶּה, לְפִי	입, (전)~에 따라
עַתָּה	지금	צָבָא	군대, 떼	צִוָּה	명령하다
קֹדֶשׁ	거룩한 (것)	שָׁמַר	지키다	אֵשׁ	불
קוֹל	목소리, 소리	תַּחַת	(전)~아래에	בֵּין, בֵּין	(전)~사이에
רַב	많은, 대장	אֹהֶל	장막, 천막	בָּרַךְ	축복하다
שַׂר	방백, 지도자	אוֹ	혹은(or)		

제9과 단어 퀴즈
holyword.org/heb_gram/words_9.html

1. 약동사(weak verbs) 개요

○ 정의: 약동사는 세 개의 동사어근 중에서 '약문자'를 가지고 있는 동사이다.
  '약문자'란 후음문자(ה, ע, א, ר, ח)와 י, ו, נ을 말한다.

○ 약동사의 명칭: 각 약동사의 명칭은 פָּעַל동사를 기준으로 한다.
  예를 들면 동사 첫째자리(פ)에 약자음 '요드(י)'가 오게 되면 '페-요드(פ"י)' 동사라 부른다. 그리고 동사 둘째자리(ע)에 후음이 오게 되면 '아인-후음(G) 동사', 즉 G"ע 동사라 부른다.

○ 약동사의 유형별 분류
  약동사는 비슷한 특징을 가진 동사끼리 유형별로 분류할 수 있다.

① 제1유형: G″פ, G″ע, G″ל

이들은 모두 후음(Guttural)을 가지고 있다. 따라서 후음법칙이 적용되는 약동사라 할 수 있다.

② 제2유형: ל″ה, ל″א

이들은 둘 다 후음이지만 일반적인 후음법칙이 적용되지 않기 때문에 별도로 취급한다. 이들은 끝자음 ה와 א이 침묵자음이 된다는 공통점이 있다. 다만 ל″ה의 경우, ה의 원형이 ת나 י였던 것으로 보이는 변형을 나타낸다.

גָּלְתָה(גָּלָה의 칼, 완료, 3인칭, 여성, 단수), גָּלִיתָ(גָּלָה의 칼, 완료, 2인칭, 남성, 단수)

③ 제3유형: פ″א, פ″י(פ″ו), פ″ן

이 유형은 같은 유형이라 하기에는 פ 자리에 약자음이 온다는 것 외에 공통점이 별로 없다. 따라서 편의상 이렇게 분류하였다. פ″א은 G″פ 유형의 하나로 볼 수 있지만 일반적인 '페-후음' 동사와는 다르기 때문에 3유형으로 분류하였다.

④ 제4유형: ע″ע, ע″י(ע″ו)

이 유형은 가장 변화가 심한 유형이다. 따라서 암기해야 하는 내용이 많다.

2. 제1유형 약동사: 후음동사

פעל 중 한 자리 이상이 후음문자인 제1그룹 약동사는 일반동사에서 후음법칙만 적용하면 된다.

○ 후음 제1법칙: 앞모음이 길어진다.

① 후음은 경강점을 찍을 수 없기에 그 대신 앞모음이 길어진다.

עָבַר의 닢알, 미완료, 3인칭, 남성, 단수: יֵעָבֵר (규칙동사는 יִקָּטֵל이지만 פ후음 때문에 앞모음 보상)

בָּרַךְ의 피엘, 미완료, 3인칭, 남성, 단수: יְבָרֵךְ(규칙동사 יְקַטֵּל과 비교)

② ה와 ח는 경강점(dagesh forte)도 안 찍고 앞모음도 길게 하지 않는다(dagesh for-te implicitum).

נָחַם의 피엘, 미완료, 3인칭, 남성, 단수: יְנַחֵם(규칙동사 יְקַטֵּל와 비교)

○ 후음 제2법칙: 합성 쉐바는 '하텝 파타흐'(ֲ)가 많이 나타난다.
단, א 아래에서는 '하텝 쎄골'(ֱ)이 주로 나타나기는 하지만, 이 경우도 액센트에서 멀어지면 '하텝 파타흐'가 된다.

עֲזֹב의 칼, 명령, 남성, 단수 혹은 부정사 연계형: עֲזֹב(규칙동사 קְטֹל과 비교)
אֱמֹר의 칼, 명령, 남성, 단수 혹은 부정사 연계형: אֱמֹר(규칙동사 קְטֹל과 비교)
קְטֹל의 푸알, 미완료, 1인칭, 공성, 단수: אֲקֻטַּל(액센트에서 멀어진 א는 '하텝 파타흐')

○ 후음 제3법칙: ח와 ע 전후에는 '파타흐'(ַ)가 온다.

שָׂחַק의 칼, 미완료, 3인칭, 남성, 단수: יִשְׂחַק(יִקְטֹל과 비교)
נָחַם의 피엘, 완료, 3인칭, 남성, 단수: נִחַם(dagesh forte implicitum도 나타남)
עָזַב의 칼, 미완료, 3인칭, 남성, 단수: יַעֲזֹב(יִקְטֹל과 비교)

○ '페-알렢 동사'는 후음동사이기는 하지만 다른 후음동사와는 상이한 변화를 한다.
따라서 제3유형으로 분류하였다.

אָכַל, אָמַר

3. 제2유형 약동사: 라멛-알렢(ל״א), 라멛-헤(ל״ה) 동사

○ 라멛-알렢(ל״א) 동사
① א 뒤에 어미가 없을 때, א은 묵음이며 그 앞의 모음이 파타흐(ַ)일 때 카메츠(ָ)

로 장모음화 된다. 반면에 **א** 앞모음이 파타흐가 아닐 경우에는 변화가 없다.

칼, 완, 3. 남. 단. **מָצָא → מָצָא**

닢알, 완. 3. 남. 단. **נִמְצָא → נִמְצָא**

피엘, 완. 3. 남. 단. **מִצֵּא → מִצֵּא** 앞모음이 파타흐가 아니므로 본래의 '체레'를 유지
한다.

② **א** 뒤에 자음어미가 올 때, **א** 앞은 '칼'에서는 카메츠(◌ָ)이고, 다른 줄기(stem)의
동사에서는 체레(◌ֵ)이다. 이때도 **א**은 묵음이다.

Qal **מָצָאתָ → מָצָאתָ** '알렢(**א**)'이 모음 뒤에 오면서 묵음이 되고 앞 모음이 장
모음화된다. 그리고 동사 인칭접미어인 **תָ**는 '베가드케파트' 문자임에도 모음
뒤에 오기 때문에 연강점(dagesh lene)이 사라진다.

Ni. **נִמְצֵאתָ → נִמְצֵאתָ** 'Qal' 이외의 줄기에서는 '알렢' 앞의 모음이 '카메츠' 대
신에 '체레'가 된다.

Pi. **מִצֵּאתָ → מִצֵּאתָ** 마찬가지로 'Qal' 이외의 줄기에서는 '알렢' 앞의 모음이
'체레'가 된다.

○ 라멛-헤(ל״ה) 동사
① 라멛-헤 동사에서 **ה**는 본래 **י**나 **ו**였던 것으로 추정된다. 그래서 **ה**가 어형변화를
할 때 **י**나 **ו**로 변하기도 하고 탈락하기도 한다. 다음은 '라멛-헤' 동사에 어미가 없
을 때 **ה**의 끝모음의 변화를 보여준다.

	끝모음	Qal	Ni.	Pi.	Pu.	Hi.	Ho.
완료 미완료	◌ָה ◌ֶה	בָּנָה יִבְנֶה	נִבְנָה יִבָּנֶה	בִּנָּה יְבַנֶּה	בֻּנָּה יְבֻנֶּה	הִבְנָה יַבְנֶה	הָבְנָה יָבְנֶה
명령형 부정사연계형	◌ֵה וֹת	בְּנֵה בְּנוֹת	הִבָּנֵה הִבָּנוֹת	בַּנֵּה בַּנּוֹת	 בֻּנּוֹת	הַבְנֵה הַבְנוֹת	 הָבְנוֹת

분사능동 분사수동	ה◌ ◌י, ה	בָּנֶה בָּנוּי	מְבֻנֶּה נִבְנֶה	מְבֻנֶּה	מַבְנֶה מֻבְנֶה

② ה 뒤에 어미가 올 때, ה는 3가지로 변한다.

- ה 뒤에 자음으로 시작되는 어미가 올 때, ה는 본래의 י로 바뀐다(תָ◌ה- → יתָ-).

  בְּנַהְתָ → בָּנִיתָ(칼, 완료, 2, 남, 단)

  נִגְלַהְתָ → נִגְלֵיתָ(닢알, 완료, 2, 남, 단)

  תִּגְלַהְנָה → תִּגְלֶינָה(칼, 미완료, 2, 여, 복 / 2, 여, 복)

- ה 뒤에 모음어미 הָ◌가 올 때, 동사어근 ה는 ת로 바뀐다(הָ◌ה- → תָ◌-).

  גָּלְהָה → גָּלְתָה(칼, 완료, 3, 여. 단)

  גָּלְהָה → גָּלְתָה(피엘, 완료, 3, 여. 단)

- ה 뒤에 모음어미 וּ나 ◌י가 올 때, ה는 생략된다(הׄ◌- → ◌י-, הׄוּ- → וּ-).

  גָּלְהוּ → גָּלוּ (칼, 완료, 3, 공, 복)

  בִּנְּהוּ → בִּנּוּ (피엘, 완료, 3, 공, 복)

  יִגְלְהוּ → יִגְלוּ (칼, 미완료, 3, 남, 복)

  תִּבְנְהִי → תִּבְנִי (칼, 미완료, 2, 여, 단)

  תִּבָּנְהִי → תִּבָּנִי (닢알, 미완료, 2, 여, 단)

- יַעֲשֶׂה는 '라멛-헤'일 뿐아니라 '페-후음'으로서 형태만으로는 '칼'과 '힢일'을 구분할 수 없다. ע이 '파타흐'를 좋아하기 때문에 '칼'의 '히렉'을 '파타흐'로 바꾸어 결과적으로 '힢일 미완료'와 형태가 같다. 그리고 '라멛-헤'의 미완료는 일곱 줄기 모두 הׄ◌로 끝나기 때문에 '칼'과 '힢일'을 구분할 수 없다.

- '라멛-헤(לה״)' 동사의 공통적 특징
  Ⓐ 완료형의 기본형 어미는 모든 줄기(stem)에서 הׄ◌- 형태를 취한다.
  Ⓑ 미완료형의 기본형 어미는 모든 줄기(stem)에서 הׄ◌- 형태를 취한다.

9과 연습문제

1. 다음 동사들의 약동사 명칭을 말하시오.

(4) מָצָא   (3) לָקַח   (2) יָלַד   (1) נָגַשׁ

(8) אָכַל   (7) קוּם   (6) גָּלָה   (5) שָׁחַט

(12) שִׂים   (11) עָשָׂה   (10) נָתַן   (9) יָצָא

2. 다음을 분석(parsing)하시오.

(1) אֱהֹב

(2) יְבָרֶךְ

(3) בָּרוּךְ

(4) בֵּרֵךְ

(5) הִתְבָּרְכָה

(6) שָׁלֵחַ

(7) שַׁלַּח

(8) יְשַׁלַּח

(9) מְשַׁלֵּחַ

(10) עֲמַדְתֶּן

(11) עֲמֹד

(12) מַעֲמִיד

(13) הֶעֱמִידָה

(14) יָעֲמַד

(15) הִשְׁלִיחַ

3. 다음을 분석하시오.

(1) מָצְאָה

(2) מָצְאָנוּ

(3) אֶמְצָא

(4) הַמְצִיאָה

(5) מִתְמַצֵּא

(6) מַצְאוּ

(7) יִקְרָא

(8) מְקְרָא

(9) בָּנָה

(10) בָּנִיתָ

(11) נִבְנֵיתֶם

(12) הַבְנָה

(13) יִבְנוּ

(14) תְּבְנֶינָה

(15) בְּנֹה

(16) הָיָה

(17) הָיוּ

(18) הָיְתָה

(19) יְהִי

(20) הָיִיתָ

(21) יִהְיֶה

(22) תִּהְיִי

(23) אֶהְיֶה

(24) אֶשְׁמְרָה

4. 다음을 우리말로 번역하시오.

(1) הִנֵּה שְׁנֵי הַמְּלָכִים לֹא עָמְדוּ לְפָנָיו וְאֵיךְ נַעֲמֹד אֲנָחְנוּ:

(2) וַיִּזְכֹּר אֱלֹהִים אֶת־נֹחַ וַיַּעֲבֵר רוּחַ גְּדוֹלָה עַל־הָאָרֶץ:

(3) וַיִּזְעֲקוּ בְּנֵי יִשְׂרָאֵל אֶל־יהוה לֵאמֹר עֲזַבְנוּ אֶת אֱלֹהִים:

(4) הִנֵּה אָנֹכִי שֹׁלֵחַ מַלְאָךְ לְפָנֶיךָ לִשְׁמָרְךָ בַּדֶּרֶךְ הִשָּׁמֶר־מִפָּנָיו וּשְׁמַע בְּקֹו־לוֹ:

(5) וַיהוָה אֱלֹהֶיךָ הוּא הָעֹבֵר לְפָנֶיךָ לִכְרֹת אֶת־הָעָם בָּאָרֶץ אֲשֶׁר אַתָּה הֹלֵךְ שָׁם:

연습문제 해답

9과 연습문제 해설

youtu.be/S3zNHwglhug?si=7jp1SCTxG6tL2mot

1.

(1) 페-눈 동사 (2) 페-요드(바브) 동사 (3) 라멘-후음 동사(페-눈 동사 취급) (4) 라멘-알렢 동사 (5) 아인-후음 동사 (6) 라멘-헤 동사 (7) 아인-바브 동사 (8) 페-알렢 동사 (9) 페-요드 동사 (10) 페-눈 동사 (11) 페-후음, 라멘-헤 동사 (12) 아인-요드 동사

2.

(1) אהב 칼, 명령법, 남성, 단수, "(너 남자는) 사랑하라!" 혹은 부정사 연계형

(2) ברך 칼, 미완료, 3인칭, 남성, 단수, "그 남자가 무릎을 꿇었다"

(3) ברך 칼, 분사, 수동, 남성, 단수, '축복받은 (남자)'

(4) ברך 피엘, 완료, 3인칭, 남성, 단수, "그가 축복(찬양)하였다"

(5) ברך 히트파엘, 완료, 3인칭, 여성, 단수, "그녀가 스스로를 축복하였다"

(6) שלח 칼, 분사, 능동, 남성, 단수, '보내는 (남자)'

(7) שלח 피엘, 부정사 연계형, '보내기' 혹은 명령법, 남성, 단수, "(너 남자는) 보내라!"

(8) שלח 피엘, 미완료, 3인칭, 남성, 단수, "그가 보낼 것이다"

(9) שלח 푸알, 분사, 남성, 단수, '보냄을 받은 (남자)'

(10) עמד 칼, 완료, 2인칭, 여성, 복수, "너희 여자들이 서 있었다"

(11) עמד 칼, 명령법, 남성, 단수, "(너 남자는) 서라!" 혹은 부정사 연계형, '서기'

(12) עמד 힢일, 분사, 남성, 단수, '서게 하는 (남자)'

(13) עמד 힢일, 완료, 3인칭, 여성, 단수, "그녀가 서게 하였다"

(14) עמד 홒알, 미완료, 3인칭, 남성, 단수, "그 남자가 세워지게 할 것이다"

(15) שלח 힢일, 완료, 3인칭, 남성, 단수, "그 남자가 보내게 하였다"

3.

(1) מצא 칼, 완료, 3인칭, 여성, 단수, "그 여자가 발견하였다"

(2) מצא 칼, 완료, 1인칭, 공성, 단수, "우리가 발견하였다"

(3) מצא 닢알, 미완료, 1인칭, 공성, 단수, "내가 발견될 것이다" 혹은 "내가 스스로를 발견할 것이다"

(4) מצא 힢일, 완료, 3인칭, 여성, 단수, "그녀가 발견하게 하였다"

(5) מצא 히트파엘, 분사, 남성, 단수, '스스로를 발견하는 (남자)'

(6) מצא 피엘, 명령법, 남성, 복수, "(너희 남자들은) 확실히 발견하라!"[39]

(7) קרא 칼, 미완료, 3인칭, 남성, 단수, "그 남자가 부를 것이다"

(8) קרא 푸알, 분사, 남성, 단수, '불림을 받는 (남자)'

(9) בנה 칼, 완료, 3인칭, 남성, 단수, "그 남자가 지었다"

(10) בנה 칼, 완료, 2인칭, 남성, 단수, "네(m)가 지었다"

(11) בנה 닢알, 완료, 2인칭, 남성, 복수, "너희(m)가 지어졌다" 혹은 "너희가 스스로를 지었다"

(12) בנה 홒알, 완료, 3인칭, 남성, 단수, "그가 지어지게 하였다" 혹은 명령법, 남성, 단수, "지어지게 하여라!"

(13) בנה 닢알, 미완료, 3인칭, 남성, 복수, "그들(m)이 지어지게 될 것이다" 혹은 "그들이 스스로를 지을 것이다"

(14) בנה 푸알, 미완료, 3인칭 혹은 2인칭, 여성, 복수, "그녀들이 혹은 너희들(f)이 지어

---

39 동사 מָצָא의 피엘 줄기는 성경에서 발견되지 않는 형태이다. 다만 연습일 뿐이므로 그 의미도 피엘의 의미를 살린 것일 뿐이다.

지게 할 것이다"

(15) בנה 칼, 부정사 절대형, '짓기'

(16) היה 칼, 완료, 3인칭, 남성, 단수, "그 남자가 있었다"

(17) היה 칼, 완료, 3인칭, 공성, 복수, "그들이 있었다"

(18) היה 칼, 완료, 3인칭, 여성, 단수, "그녀가 있었다"

(19) היה 칼, 지시법(단축형), 3인칭, 남성, 단수, "그 남자가 있으라!"

(20) היה 칼, 완료, 2인칭, 남성, 단수, "네(m)가 있었다"

(21) היה 칼, 미완료, 3인칭, 남성, 단수, "그 남자가 있을 것이다"

(22) היה 칼, 미완료, 2인칭, 여성, 단수, "네(f)가 있을 것이다"

(23) היה 칼, 미완료, 1인칭, 공성, 단수, "내가 있을 것이다"

(24) שמר 칼, 미완료, 청유법, 1인칭, 공성, 단수, "내가 지키리라!"

4.

(1) 보라! 두 왕이 그 앞에 서지 못하였거늘 어찌 우리가 서리요?

(2) 그리고 나서 하나님이 노아를 기억하셨고 큰 바람이 그 땅 위를 지나갔다.

(3) 이스라엘 자손들이 여호와(야웨, 주)께 부르짖어 말하기를, "우리가 하나님을 떠났나이다."

(4) 보라! 내가 그 길에서 너를 지키도록 네 앞에 천사를 보내노라. 그 앞에서 스스로를 지켜 그의 소리를 청종하라!

(5) 그리고 여호와(야웨, 주) 너의 하나님 그 분은 네가 걷고 있는 그 땅에서 그 백성과 (언약을) 맺기 위하여 네 앞에 지나가는 분이시다.

10과

3 · 4 유형 약동사

[단어]

נָגַד	알리다(Hi.)	שׁוּב	돌아서다, 돌아오다	יָנַק	(젖을) 빨다
יָלַד	낳다	בָּדַל	나누다	יָצַק	(물 등을) 붓다
יָצָא	나가다	עָלָה	올라가다	יָרַד	내려가다
הָלַךְ	가다	כֵּן	그렇게	צָוָה	명령하다
בּוֹשׁ	부끄러워하다	קָרָא לְ	~을 ~로 부르다	שֵׁנִי	두 번째(남성, 서수)
שָׂנֵא	싫어하다	עֶרֶב	저녁	רָעָה	악, 사악함
שָׁכַח	잊다	אֶחָד	하나, 1(남성)	דָּם	피
קָבַץ	모으다	יָרַשׁ	차지하다, 상속하다	כֶּסֶף	은
זָהָב	금	יָרֵא	두려워(경외)하다	מִלְחָמָה	전쟁
יָם	바다	כְּלִי	기구, 그릇, 무기		

10과 단어 퀴즈
holyword.org/heb_gram/words_10.html

1. 제3유형 약동사: 페-눈(פ״נ), 페-요드(פ״י), 페-바브(פ״ו) 동사

○ 페-눈(פ״נ) 동사

① '페-눈 동사'는 미완료의 접두어 אית이나 명령형 또는 부정사 접두어 ה, 그리고 분사 접두어 מ이 나타날 때, 모음이 없는 נ은 뒤에 오는 자음에 동화되어 경강점 (dagesh forte)만 남기고 사라진다.

נָפַל → יִפֹּל (נָפַל 칼, 미완료, 3, 남, 단)

הַזִּיל → הִזִּיל (נזל 힢일, 완료, 3, 남, 단, '흐르게 하다')

② '페-눈 동사'의 '칼' 줄기(stem)에는 3가지 형태가 있다.

	I	II	III
완료	נָגַד	נָגַשׁ	נָתַן
미완료	יִגַּד	יִגַּשׁ	יִתֵּן
명령형	נְגַד	גַּשׁ	תֵּן
부정사 연계형	נְגַד	גֶּשֶׁת	תֵּת(<נֶתֶת)
부정사 절대형	נָגוֹד	נָגוֹשׁ	נָתוֹן
분사 능동	נֹגֵד	נֹגֵשׁ	נֹתֵן
분사 수동	נָגוּד	נָגוּשׁ	נָנוּן

③ לָקַח 동사는 '칼'과 '푸알'에서 '페-눈 동사'와 같이 변한다. 즉, לְ가 다음 문자에 동화되어 קּ가 된다.

יִלְקַח → יִקַּח (칼, 미완료, 3, 남, 단)

יְלְקַח → יְקַח → יֻקַּח (홒알, 미완료, 3, 남, 단)

○ 페-요드(פ"י), 페-바브(פ"ו) 동사

① 페-바브(פ"ו) 동사: י로 시작되는 동사 중에서 자주 사용되는 동사가 '페-바브 동사'이다. 그래서 이들은 접두어가 있는 줄기(stem)인 닢알, 힢일, 홒알에서는 숨겨졌던 ו가 살아난다. 대표적인 '페-바브 동사'로는 יָשַׁב, יָרַד, יָלַד, יָצָא, יָדַע, הָלַךְ 가 있다. 특히 הָלַךְ는 '요드'로 시작되는 동사가 아님에도 불구하고 미완료류에서 '페-바브 동사'의 특징을 나타낸다.

נוֹשַׁב(יָשַׁב의 닢알, 완료, 3, 남, 단), יִוָּלֵד(יָלַד의 닢알, 미완료, 3, 남, 단),
הוֹדִיעַ(יָדַע의 힢일, 완료, 3, 남, 단), יוֹצִיא(יָצָא의 힢일, 미완료, 3, 남, 단),
הוּרַד(יָרַד의 홒알, 완료, 3, 남, 단), יוֹלַךְ(הָלַךְ의 홒알, 미완료, 3, 남, 단)[40]

---

40 הָלַךְ 동사도 '페-바브(פ"ו) 동사' 취급을 한다. 따라서 '칼, 미완료, 3, 남, 단'의 형태가 יֵלַךְ가 된다.

또한 이들은 칼, 미완료에서 독특한 형태를 취한다.

다음은 모두 칼, 미완료, 3인칭, 남성, 단수 형태이다.

יֵשֵׁב, יֵלֵד, יֵדַע, יֵרֵד, יֵצֵא, יֵלֵךְ

이들은 모두 '페' 자리에 오는 '바브'가 사라지고 모음이 '체레-체레'가 된다.
강동사의 יִקְטֹל 형태와는 완전히 다르다.

② '페-바브(פ״ו) 동사'는 칼 줄기(Qal stem)에서 세 가지 형태가 나타난다.

	I	II [41]	III [42]
완료	יָשַׁב	יָרַשׁ	יָרֵא
미완료	יֵשֵׁב [43]	יִירַשׁ	יִירָא
명령형	שֵׁב	רַשׁ	יְרָא
부정사 연계형	שֶׁבֶת	רֶשֶׁת	יִרְאָה
부정사 절대형	יָשׁוֹב	יָרוֹשׁ	
분사 능동	יֹשֵׁב	יֹרֵשׁ	יָרֵא
분사 수동	יָשׁוּב	יָרוּשׁ	

③ 페-요드(פ״י) 동사: י로 시작하는 동사 중에 פ״י로 쓰이는 동사는 יָטַב(좋다), יָנַק(젖을 빨다), יָשַׁר(바로 서다), יָקַץ(깨다, 일어나다), יָמַן(힘일, 오른쪽으로 가다) 등이다.

---

41 יָרַשׁ는 '힢일'에서 '페-바브 동사'의 특징이 나타난다. הוֹרִישׁ, יוֹרִישׁ

42 יָרֵא는 '닢알'에서 '페-바브 동사'의 특징이 나타난다. נוֹרָא, תִּוָּרֵא

43 이 형태는 יָשַׁב의 칼 미완료임을 유추하기가 매우 어렵다. 주로 행동사(action verb)가 이러한 형태의 미완료를 나타내는데 차라리 이 형태를 암기하는 것이 좋다. 특히 지시법(jussive)나 바브 연속 미완료 (waw consecutive imperfect)의 경우 짧아지는 경향이 있는데 그 중에서 바브 연속 미완료에서는 다음과 같은 형태로 짧아진다: וַיֵּשֶׁב 그리고 이와 같은 형태의 미완료와 바브 연속 미완료를 나타내는 동사들로는 יֵלֵד(יָלַד의 미완료), יֵצֵא(יָצָא의 미완료), יֵרֵד, יֵדַע(라멜-후음 때문에 체레가 파타흐로 바뀜), יֵלֵךְ(הָלַךְ의 미완료) 등이 있다. 자주 사용되는 단어들이기 때문에 친숙해질 필요가 있다.

다음은 그 변화표이다.

	칼	힢일
완료	יָנַק	הֵינִיק
미완료	יִינַק	יֵינִיק
명령형		הֵינֵק
부정사 연계형		הֵינִיק
부정사 절대형		הֵינֵק
분사 능동	יֹנֵק	מֵינִיק
분사 수동	יָנוּק	

④ **יָצַק** '(포도주나 물을) 따르다'와 **יָצַת** '태우다'와 같은 단어들은 미완료에서 **י**가 **נ** 처럼 다음 문자에 동화된다.

	칼	닢알	힢일
완료	יָצַק	נִצַּק	הִצִּיק
미완료	יִצֹּק	יִנָּצֵק	יַצִּיק

○ 페-알렢(**פ"א**) 동사
① 기본적인 변화는 후음법칙을 따른다. 다만 단순 쉐바가 합성 쉐바로 바뀔 때 '하텝 쎄골'(◌ֱ)을 취하는 경우가 많다. **אֱכֹל**(칼, 부정사 연계형, 또는 명령법 남성, 단수).
② 미완료에서는, 규칙동사에서 후음법칙을 적용한 G″**פ**와는 전혀 다른 모음을 취한다. 즉 **יֶאֱמֹר**(יֶאְמֹר)이 아니라 **יֹאכַל**이다. 그러나 **אָבַל**(애곡하다)처럼 일반적인 후음법칙을 따르는 경우도 있다: **תֶּאֱבַל** '네가 애곡할 것이다'
③ 미완료, 1인칭, 단수에서 미완료 접두어 **א**과 **אֹכֵל**의 첫째 자음이 둘 다 **א**이 되는 경우에 하나가 생략되어 **אֹכֵל**이 된다.

2. 제4유형 약동사: 아인-바브(ע״ו), 아인-요드(ע״י), 아인-아인(ע״ע) 동사

○ 아인-바브(ע״ו) 동사

① '아인-바브 동사'는 칼 줄기에서 일반동사처럼 세 가지 유형이 나타난다.

	ֻ 형	ֹ 형	וֹ 형
완료	קָם(기본형: קוּם)	מֵת(기본형: מוּת)	בּוֹשׁ(기본형: בּוֹשׁ)
미완료	יָקוּם	יָמוּת	יֵבוֹשׁ
명령형	קוּם	מוּת	בּוֹשׁ
부정사 연계형	קוּם	מוּת	בּוֹשׁ
부정사 절대형	קוֹם	מוֹת	בּוֹשׁ
분사 능동	קָם	מֵת	בּוֹשׁ
분사 수동	קוּם		

※ 아인-바브와 아인-요드 동사의 기본형(사전에 기록된 단어)은 부정사 연계형이다.

② 아인-바브 동사 각 줄기의 기본형

	기본줄기	비강의형 줄기			강의형 줄기(ע에 dagesh forte)[44]		
	Qal	Nifal	Hifil	Hofal	Polel(Piel)	Polal(Pual)	Hithpolel(Hithpael)
완료	קָם	נָקוֹם	הֵקִים	הוּקַם	קוֹמֵם	קוֹמַם	הִתְקוֹמֵם
미완료	יָקוּם	יִקּוֹם	יָקִים	יוּקַם	יְקוֹמֵם	יְקוֹמַם	יִתְקוֹמֵם

※ וֹ에 대한 모음은 사역동사 힢일과 홒알을 제외하고 모두 וֹ로 변한다.

---

44 강조형 줄기인 피엘, 푸알, 히트파엘이 아인-바브 동사에서는 완전히 다른 형태로 변한다. 설명하자면, 두 번째 철자인 '바브(ו)'는 자음이 아니라 모음이기 때문에 보통의 두 번째 철자가 중복되는 강조형 줄기(קִטֵּל, קֻטַּל, הִתְקַטֵּל)와는 달리 마지막 철자가 중복되는 것으로 볼 수 있다. 히브리어에서 마지막 철자에 경강점이 오는 경우는 없기 때문에(קוֹמֵּם은 불가능) 마지막 철자가 두 번 나타난다(קוֹמֵם). 그러면서 줄기가 가지고 있는 모음의 특성이 마지막 음절에서는 살아난다(피엘은 ֵ, 푸알은 ַ, 히트파엘은 ֵ). 아인-바브 동사와 관련하여 또 다른 설명이 있다. פָעַל에서 본래는 ע이 중복되지만(다게쉬), 대신에 마

○ 아인-요드(ע״י) 동사

רִיב(다투다), **שִׂים**(두다)와 같은 동사로서 아인-바브 동사와 같은 방식으로 어형변화한다. 즉, 바브 대신에 요드가 대체된다는 것이 특징이다. **בָּן**(בִּין의 칼, 완료, 분사 능동), **יָבִין**(칼, 미완료), **בִּין**(칼, 명령법, 부정사 연계형), **בוֹן**(칼, 부정사 절대형)

○ 아인-아인(ע״ע) 동사

두 번째와 세 번째 철자가 같은 동사이다.

סָבַב(둘러싸다)

① 비강의형인 칼, 닢알, 홒알에서는 둘째와 셋째 자음을 하나로 축약시키고, 경강점(dagesh forte)을 생략한다. 마지막 철자에는 경강점이 올 수 없기 때문이다.

칼, 완료, 3. 남. 단: סָבַב → סַב

닢알, 미완료, 3. 남. 단: יִסָּבֵב → יִסַּב

힢일, 완료, 3. 남. 단: הֵסְבִּיב → הֵסֵב

홒알, 미완료, 3. 남. 단: יְסָבַב → יוּסַב

② 동사의 인칭어미가 붙을 때, 생략된 경강점(dagesh forte)이 살아난다.

칼, 완료, 3. 여. 단: סַבְּה

닢알, 미완료, 2. 여. 단: תִּסַּבִּי

힢일, 완료, 2. 남. 복: הֲסִבּוֹתֶם

홒알, 미완료, 2. 여. 복: תּוּסַבֶּינָה

지막 **ל**를 중복해주고 첫모음 וֹ를 붙여서 **פּוֹעֵל**(피엘=폴렐), **פּוֹעַל**(푸알=폴랄), **הִתְפּוֹעֵל**(히트파엘=히트폴렐)이 되었다는 것이다. 또한 '아인-바브 동사'와 '아인-아인 동사'의 강조형은 위에서 언급한 형태 외에 또 다른 형태가 각각 나타난다: **קִמְקֵם**(피엘=필펠), **קֻמְקַם**(푸알=폴팔), **הִתְקַמְקֵם**(히트파엘=히트팔펠).

10과 연습문제

1. 다음을 분석하시오.

(1) יִפֹּל

(2) הִתֵּן

(3) הִתְנַתֵּן

(4) יִקַּח

(5) תִּקַּח

(6) נוֹשַׁב

(7) הוּרַד

(8) יוּלַד

(9) הִתְיַשֵּׁב

(10) אֶתְיַשֵּׁב

(11) קוּם

(12) קָם

(13) קְטָלַנִי

(14) קְטַלְתִּיךָ

(15) יִקְטְלֵנִי

(16) יֹאמְרוּ

(17) תֹּאמְרוּ

(18) אֱמֹר

(19) אָכוֹל

(20) אָכְלָה

2. 다음을 우리말로 번역하시오.

(1) וַיֹּאמֶר אֱלֹהִים יְהִי אוֹר וַיְהִי אוֹר:

(2) וַיִּקְרָא אֱלֹהִים לָאוֹר יוֹם וְלַחֹשֶׁךְ קָרָא לָיְלָה וַיְהִי־עֶרֶב וַיְהִי בֹקֶר יוֹם אֶחָד:

(3) וַיַּעַשׂ אֱלֹהִים אֶת־הָרָקִיעַ וַיַּבְדֵּל בֵּין הַמַּיִם אֲשֶׁר מִתַּחַת לָרָקִיעַ וּבֵין הַמַּיִם אֲשֶׁר מֵעַל לָרָקִיעַ וַיְהִי־כֵן:

(4) וַיַּרְא אֱלֹהִים אֶת־הָאוֹר כִּי־טוֹב וַיַּבְדֵּל אֱלֹהִים בֵּין הָאוֹר וּבֵין הַחֹשֶׁךְ:

(5) וַיִּקְרָא אֱלֹהִים לָרָקִיעַ שָׁמַיִם וַיְהִי־עֶרֶב וַיְהִי־בֹקֶר יוֹם שֵׁנִי:

(6) קוּם לֵךְ אֶל־נִינְוֵה הָעִיר הַגְּדוֹלָה וּקְרָא עָלֶיהָ כִּי־עָלְתָה רָעָתָם לְפָנָי:

연습문제 해답

10과 연습문제 해설

youtu.be/oyh2zlMb2vA?si=1EjlkJCc9BhjG8gr

1.

(1) נפל 칼, 미완료, 3인칭, 남성, 단수, "그가 떨어질 것이다"

(2) נתן 훕알, 완료, 3인칭, 남성, 단수, "그가 주어지게 하였다"

(3) נתן 히트파엘, 완료, 3인칭, 남성, 단수, "그가 스스로를 주었다" 혹은 명령법, 남성, 단수, "스스로를 주어라"

(4) לקח 칼, 미완료, 3인칭, 남성, 단수, "그 남자가 취할 것이다"

(5) לקח 칼 수동태,[45] 미완료, 3인칭, 여성, 단수 혹은 2인칭, 남성, 단수, "그녀가 혹은 네(m)가 취해질 것이다"

(6) ישב 닢알, 완료, 3인칭, 남성, 단수, "그 남자가 거주하게 되었다"

---

45 형태상으로는 '푸알'과 같으나 이 동사의 경우에는 '칼 수동태'로 본다. 본래 '푸알'이 '칼 수동태'에서 파생된 것으로 추론한다.

(7) יָרַד 홉알, 완료, 3인칭, 남성, 단수, "그 남자가 내려가게 되도록 하였다"

(8) הָלַךְ 홉알, 미완료, 3인칭, 남성, 단수, "그 남자가 행해지도록 할 것이다"[46]

(9) יָשַׁב 히트파엘, 완료, 3인칭, 남성, 단수, "그 남자가 스스로 거주하였다" 혹은 명령법, 남성, 단수

(10) יָשַׁב 히트파엘, 미완료, 1인칭, 공성, 단수, "내가 스스로 거주할 것이다"

(11) קוּם 칼, 명령법, 남성, 단수, "(너 남자는) 일어나라!" 혹은 부정사 연계형 '일어나기'

(12) קוּם 칼, 완료, 3인칭, 남성, 단수, "그 남자가 일어났다" 혹은 분사, 능동, 남성, 단수, '일어나는 (남자)'

(13) קָטַל 칼, 완료, 3인칭, 남성, 단수, 인칭대명사 접미어 1인칭, 공성, 단수, "그 남자가 나를 죽였다"

(14) קָטַל 칼, 완료, 1인칭, 공성, 단수, 인칭대명사 접미어 2인칭, 남성, 단수, "내가 너(m)를 죽였다"

(15) קָטַל 칼, 미완료, 3인칭, 남성, 단수, 인칭대명사 접미어 1인칭, 공성, 단수, "그 남자가 나를 죽일 것이다"

(16) אָמַר 칼, 미완료, 3인칭, 남성, 복수, "그 남자들이 말할 것이다"

(17) אָמַר 칼, 미완료, 2인칭, 남성, 복수, "너희 남자들이 말할 것이다"

(18) אָמַר 칼, 명령법, 남성, 단수, "(너 남자는) 말하라!" 혹은 부정사 연계형, '말하기'

(19) אָכַל 칼, 부정사 절대형, '먹기'

(20) אָכַל 칼, 완료, 3인칭, 여성, 단수, "그녀가 먹었다"

2.

(1) 그리고 하나님이 말씀하셨다. "빛이 있으라! 그랬더니 빛이 있었다"

(2) 하나님이 빛에 대하여 낮이라 부르시고 어둠에 대하여 밤이라 부르셨다. 그리고 나서 밤이 되었고 아침이 되었다. 첫 날이다.

(3) 하나님이 그 궁창을 만드셨고 그 궁창 아래에 있는 물과 그 궁창 위에 있는 물 사이

---

46 동사 הָלַךְ는 '페-바브 동사' 취급하는 동사이다. 페-바브 동사처럼 변하기 때문이다.

를 나누셨다. 그랬더니 그렇게 되었다.

(4) 하나님이 그 빛을 좋다고 보셨다. 그러고 나서 하나님은 그 빛과 그 어둠을 나누셨다.

(5) 하나님이 그 궁창에 대하여 하늘이라 부르셨다. 그리고 저녁이 되었고 아침이 되었다. 둘째 날이다.

(6) 일어나라! 그 큰 성 니느웨로 가라! 그리고 그것에 대하여 그들의 악이 나에게 올라왔음을 외쳐라!

부록

음운론 요점정리

○ 음절을 구분할 때, 가능하면 폐음절(자음+모음+자음)로 구분한다.

דְּ/בָ/רִים, חָכְ/מָה

○ 모음이 먼저 오는 경우는 극히 예외적이다.

예외적인 예) וּמֶלֶךְ (ûmelekh)

○ 유성 쉐바가 연속해서 오는 경우 앞의 유성 쉐바는 단모음으로 바뀐다. 단순 유성 쉐바가 오는 경우에는 앞의 유성 쉐바는 '히렉'이라는 단모음으로 바뀐다.

בְּדִבְרִים ← בְּדְבָרִים

단, 뒤에 오는 유성 쉐바가 합성(하텝) 쉐바일 경우에는 합성 쉐바의 음가와 동질의 단모음으로 변한다.

לַאֲרִי ← לְאֲרִי

○ 액센트 없는 폐음절은 순장모음이 아닌 한 단모음이 오는 경우가 일반적이다.

חָכְ/מָה קְ/טַל/תֶּם

○ 액센트 바로 앞의 개음절은 장모음인 경우가 일반적이지만 액센트에서 더 멀어지는 개음절은 유성 쉐바로 변한다.

קְ/טַל/תֶּם

○ 후음(ח, ה, ע, א)의 모음이 유성 쉐바인 경우에 단순 쉐바가 아닌 합성 쉐바가 온다.

עֲ אֱ חֳ

○ 정관사의 기본형은 ◌ַה이지만 정관사 다음에 오는 철자에 따라 변화를 일으킨다.

① 후음이 오는 경우 정관사의 파타흐가 장모음 카메츠로 길어진다.

הָאָרֶץ

② 후음인 아인(ע)과 헤(ה)와 헬(ח)가 오는 경우에는 쎄골이 오기도 한다.

הֶעָמָל, הֶהָרִים, הֶחֳלִי, הֶחָג

완료와 미완료, 분사

일반적으로 동사를 나타낼 때 시(tense), 상(aspect), 태(voice), 법(mood)으로 나타난다. 보통 시제(tense)라 부르는 '시'는 '과거', '현재', '미래'로 구분하고, 동작의 상태를 나타내는 '상'은 '단회상', '반복상', '지속상' 등으로 구별할 수 있다. 히브리어에서 가장 난해한 부분이 '시제'와 '상'이다. 일반적으로 יִקְטֹל 형태를 '미완료'(imperfect)라 부르고 קָטַל 형태를 '완료'(perfect)라 부르기는 하지만 이 용어로 히브리어의 '시상'을 정확하게 담아낼 수 없다. 따라서 오늘날 히브리어 학자들은 'yiqtol form'과 'qatal form'으로 부르는 경향이 있다.

기초문법을 다루는 여기서는 '데이빗슨'(Davidson)의 문법책에 따라 정리하고자 한다.

1. 완료(the Perfect)

○ 시간과 관련하여 완료가 나타낼 수 있는 동작은 다음과 같다.

① 현재의 관점에서 이제 막 완료된 것(고전적인 완료)

בָּאתִי לְדַבֵּר אֶל־הַמֶּלֶךְ אֶת־הַדָּבָר הַזֶּה "나는 왕에게 이 말을 전하러 왔다."

② 먼 또는 가까운 과거에 완료된 것(단순, 또는 역사적 과거)

בְּרֵאשִׁית בָּרָא אֱלֹהִים "태초에 하나님이 창조하셨다."
נַעַר הָיִיתִי גַּם־זָקַנְתִּי וְלֹא רָאִיתִי צַדִּיק נֶעֱזָב "내가 (전에는) 아이였고 (이제는) 늙었으되 의인이 버림을 당하는 일을 나는 보지 못했다."

③ 과거의 관점에서 이미 완결된 것(과거완료)

וַיַּרְא אֱלֹהִים אֶת־כָּל־אֲשֶׁר עָשָׂה "그리고 하나님은 자신이 만드신 모든 것을 보셨다."

④ 미래의 관점에서 이미 완결된 것(미래완료)

גַּם לִגְמַלֶּיךָ אֶשְׁאָב עַד אִם־כִּלּוּ לִשְׁתֹּת

"그들이 마시기를 다할 때까지 당신의 약대들을 위해서도 나는 (물을) 긷겠습니다."

⑤ 만일 그 완결된 동작들이, 앞의 문장들에서처럼 실제적인 것이 아니라, 가정적이거나 상상 속에서만 존재하는 것일지라도 완료로 표현될 수 있다.

אִם עָשִׂיתִי זֹאת "내가 이것을 행했다면"
אִם־לֹא הֲבִיאֹתִיו אֵלֶיךָ "내가 그를 당신에게 데려오지 않는다면"
לוּ מַתְנוּ "우리가 죽었더라면"
לוּלֵא חֲרַשְׁתֶּם "너희가 (밭)갈지 않았더라면"

○ 영어에서는 현재 시제로 표현되는 말이 히브리어에서는 완료로 나타나는 경우가 종종 있다.

① 일반적인 진리나 자주 일어나는 사건들, 다시 말하면 자주 경험되거나 관찰되어 온 진리나 사건들은 완료로 표현된다.

יָבֵשׁ חָצִיר "풀은 마른다."
גַּם־צִפּוֹר מָצְאָה בַיִת "참새도 집을 찾는다."

또한 이 용법은 일반적인 진리나 사실을 표현하는 부정문에서 특히 자주 볼 수 있다.

לֹא־עָשָׂה לְרֵעֵהוּ רָעָה "그는 그의 이웃에게 악을 행하지 않았다."
(여기서 완료는 시종일관된 태도를 나타낸다.)

② 과거의 동작이나 상태가 현재로 옮겨질 수도 있다(현재완료).

פֵּרַשְׂתִּי יָדַי אֵלֶיךָ "내가 당신께 손을 펼칩니다."

לֹא־עָזַבְתָּ דֹרְשֶׁיךָ "당신을 찾는 자들을 버리시지 않습니다."

③ 상태동사의 완료는 영어에서 현재 시제로 표현될 수 있다. 이 경우 그 완료는 이미 실현된 상태를 나타낸다.

יָדַעְתִּי כִּי מָלֹךְ תִּמְלוֹךְ "네가 반드시 왕이 될 것을 나는 알고 있다."

כָּל־אֹרַח שֶׁקֶר שָׂנֵאתִי "모든 거짓 행위를 나는 미워한다."

이외에도 זָכַרְתִּי "내가 기억한다", חָסִיתִי "내가 피한다", שָׂמַחְתִּי "내가 기뻐한다"

④ 히브리어에서는 미래의 사건이 너무나 생생하게 사실적으로 예상됨으로 이미 일어난 것으로 간주하여 완료 시제로 묘사하는 경우가 자주 있다. 이러한 용법은 약속이나 위협 또는 계약 언어에서 흔히 볼 수 있다(perfectum confidentiae).

נָתַתִּי "그 밭을 내가 너에게 주겠다."

לָקַחְתִּי "그렇지 않다면 그것을 내가 취하겠다."

이 용법은 예언자들의 말에서 매우 자주 쓰인다. 왜냐하면 그들이 예언하는 사건이나 상황이 그들의 믿음과 상상력에 의해 매우 생동감 넘치게 현재에 투사되므로 그것이 이미 실현된 것처럼 보이기 때문이다. 이를 "예언적 완료"(perfectum propheticum)라 일컫는다.

גָּלָה עַמִּי "내 백성이 (반드시) 사로잡히리라."

2. 미완료

미완료는 아직 끝나지 않았거나 진행 중이거나 발행하지 않은 동작이나 상태 등을 나타낸다.

○ 만일 미완료가 과거의 동작을 묘사하는데 사용된다면, 그것은 보다 생동감 있는 뉘앙스

를 지닌다는 점에서 완료와 차이가 있다.

① 드보라와 바락의 노래에서 "야엘이 말뚝을 향해 손을 뻗었던" 과거의 사건이 יָדָהּ לַיָּתֵד תִּשְׁלַח와 같이 미완료로 표현했는데, 이런 경우 그 사건의 진행 상황을 눈 앞에서 펼쳐보이는 것과 같은 효과를 갖게 된다. 이러한 미완료는 אָז '그때', טֶרֶם '아직 아닌', בְּטֶרֶם '전에' 등과 같은 부사와 함께 쓰이는 경우가 많다.

> אָז יָשִׁיר מֹשֶׁה "그때 모세가 노래하였다."
> וְכָל־עֵשֶׂב הַשָּׂדֶה טֶרֶם יִצְמָח "어떤 풀들도 아직 자라지 않았다."
> בְּטֶרֶם אֶצָּרְךָ בַבֶּטֶן יְדַעְתִּיךָ "내가 뱃속에서 너를 빚기 전에
> 내가 너를 알았다."[47]

② מַה־תְּבַקֵּשׁ "너는 무엇을 찾느냐?"와 같은 말에서, 그 찾는 동작이 얼마 동안 지속 되었음을 상정한다. 또 다른 예로 사무엘상 1장 8절에서, לָמֶה תִבְכִּי וְלָמֶה לֹא תֹאכְלִי וְלָמֶה יֵרַע לְבָבֵךְ "너는 왜 울며 왜 먹지 아니하며 왜 너의 마음이 슬프 뇨?"라는 말은 어느 한 시점보다는 계속되는 상황과 관련되어 있다. 사무엘상 11장 5절도 마찬가지이다. מַה־לָּעָם כִּי יִבְכּוּ "백성이 울고 있으니 그들에게 무슨 일이 있느냐?"

○ 진행 중이거나 반복되는 동작은 어떤 시제에서나 미완료로 표현된다.
① 현재에서

> אֲשֶׁר יֵאָמֵר הַיּוֹם "오늘날까지 사람들이 일컬어 오듯이"
> קַח־לְךָ מִכָּל־מַאֲכָל אֲשֶׁר יֵאָכֵל "먹어오던 모든 음식 중 일부를 취하라."

---

47 이와 같은 설명은 히브리어의 동사 시스템이 '완료'와 '미완료'라는 구조로 이뤄졌다는 전제에서 설명한 것이다. 그러나 히브리어의 '모어'라 할 수 있는 '원가나안어'에는 '단순 과거' 형태로 יִקְטֹל 형태와 상응하 는 yaqtul 형태가 나타난다. 그리고 소위 '미완료'라 부르는 형태와 가까운 형태로 yaqtulu 형태가 나타난 다. 어쩌면 이 두 형태가 후대에 와서 히브리어의 문자로 표현할 때 구별할 수 없는 יִקְטֹל이 되었을 가능 성이 있다. 이런 생각을 가지고 있는 학자들이 점차 많아지고 있다.

이러한 용법은 자연의 이치나 일반적인 진리에 대한 기술과 비유적 표현에서 흔히 나타난다.

בֵּן חָכָם יְשַׂמַּח־אָב "지혜로운 아들은 아버지를 기쁘게 한다."

② 과거에서

וְכֵן יַעֲשֶׂה שָׁנָה בְשָׁנָה "그리고 그는 해마다 그렇게 행하였다."(해마다 반복)

אֵד יַעֲלֶה "안개가 올라오고 있었다."(지속)

יֵרֵד הַמָּן "만나는 (정기적으로) 내렸다."

זָכַרְנוּ אֶת־הַדָּגָה אֲשֶׁר־נֹאכַל "우리는 우리가 늘 먹었던 그 물고기를 기억하였다."

יְדַבֵּר מֹשֶׁה וְהָאֱלֹהִים יַעֲנֶנּוּ "모세는 말하고 있었으며 하나님은 그에게 대답하고 계셨다."

○ 미완료는 '미래'의 동작이나 상태를 표현하는데, 곧 끝나게 되는 것뿐만 아니라 아직 시작되지 않은 것까지도 나타낸다.

① 미완료는 현재를 기점으로 한 미래를 표현한다.

בֵּיתְךָ נִשְׂרֹף "우리는 너의 집을 태울 것이다."

עַתָּה תִרְאֶה אֲשֶׁר אֶעֱשֶׂה "이제 너는 내가 행할 일을 볼 것이다."

② 과거나 미래의 어느 한 시점을 기준으로 한 미래를 나타낸다.

"그는 자기 대신에 왕이 될(יִמְלֹךְ) 맏아들을 취했다."

"그녀는 그에게 일어나게 될(יֵעָשֶׂה) 것을 멀리 서서 바라보았다."

○ 미완료는 영어의 조동사로 표현되는 가능, 추측, 당위, 필연, 의무, 용인 등을 나타내는 말에 사용된다.

מִכֹּל עֵץ־הַגָּן אָכֹל תֹּאכֵל "그 동산의 모든 나무에서 너는 먹어도 좋다."

אֵיךְ נָשִׁיר אֶת־שִׁיר־יְהוָה "우리가 어떻게 야웨(주)의 노래를 부를 수 있겠는가?"

יֵשֵׁב־אֵשֵׁב עִם־הַמֶּלֶךְ "나는 왕과 함께 앉아야 한다."

○ לְמַ֫עַן '~하기 위하여', פֶּן '~하지 않도록' 등과 같이 목적, 결과 따위를 나타내는 편사들 다음에는 미완료가 온다.

"내가 무사하도록(לְמַ֫עַן יִיטַב לִי) 당신은 나의 누이라고 말하라!"
"그들이 더 많아지지 않도록(פֶּן־יִרְבֶּה) 그 백성에게 지혜롭게 행하자!"

목적을 나타내는 부사절로 사용될 수 있다.

הֲקִימֵ֫נִי וַאֲשַׁלְּמָה לָהֶם "그들에게 복수할 수 있도록 나를 일으키라!"
מִי יְפַתֶּה אֶת־אַחְאָב וְיַ֫עַל "누가 아합을 꾀어 올라가도록 할꼬?"
מַה־נַּעֲשֶׂה וְיִשְׁתֹּק הַיָּם "바다가 잔잔해지도록 우리가 무엇을 해야 하느냐?"

3. 분사

○ 진행 중인 동작이나 상태가 분사로도 표현될 수 있는데 영어의 'be동사+현재분사'로 표현되는 진행형과 유사하다.

הוּא יֹשֵׁב "그는 앉아 있다."

분사는 그 자체로 시제를 표현할 수 없으므로 전후 문맥을 통해 시제를 파악할 수 있다.
① 현재 진행:

וַיֹּ֫אמֶר אֲלֵיהֶם הַכֹּהֵן מָה אַתֶּם עֹשִׂים
"그리고 그 제사장이 그들에게 말했다. '너희는 무엇을 하고 있느냐?'"

② 과거 진행:

עוֹד זֶה מְדַבֵּר וְזֶה בָּא וַיֹּאמַר
"아직 한 사람이 말하고 있는 동안에 다른 사람이 와서 말하였다."

③ 미래 진행:

הוֹצֵא מִן־הַמָּקוֹם כִּי־מַשְׁחִתִים אֲנַחְנוּ

"그 장소에서 끌어내라! 왜냐하면 우리가 곧 멸할 것이기 때문이다."

④ 임박한 미래: 분사의 주어는 הִנֵּה와 결합되어 나타난다.

הִנְנִי מֵקִים גּוֹי "보라, 내가 한 민족을 곧 세우리라!"

형용사의 비교급과 최상급

1. 비교급

○ 히브리어의 형용사 비교급은 영어의 more나 접미어 -er과 같은 변화가 없다. 결국 문맥
  을 통해 알 수 있지만 영어의 than에 해당되는 מִן이 자주 나타난다.

    טוֹב מִיַּיִן '포도보다 좋은'

    מָתוֹק מִדְּבַשׁ '꿀보다 달콤한'

    כָּבֵד מִמְּךָ הַדָּבָר "그 일이 너에게 너무 무겁다."

  이와 같은 용법의 מִן은 동사에서도 나타난다.

    אֶגְדַּל מִמֶּךָ "나는 너보다 더 클 것이다."

    קָטֹנְתִּי מִכֹּל הַחֲסָדִים "나는 그 모든 자비들보다 작다(즉, 그 모든 자비를 감당하
       기에는 너무 미천하다)."

    כִּי יִרְבֶּה מִמְּךָ הַדֶּרֶךְ "그 길이 너에게 너무 과하다면"

○ 상관 비교(correlative comparative, e.g. the greater, the less)는 정관사가 붙은 형용사
  로 표현된다.

    הַמָּאוֹר הַגָּדֹל '(둘 중에) 더 큰 광명'

    בְּנָהּ הַקָּטֹן '그녀의 더 작은 아들'

2. 최상급

○ 최상급도 비교급처럼 형용사의 변화는 없고 문맥을 통해 파악해야 한다.

קְטֹן בָּנָיו '그의 막내아들'

מִגְּדוֹלָם וְעַד־קְטַנָּם '그들 중 가장 큰 자로부터 가장 작은 자까지'

○ 절대 최상급은 다음과 같은 다양한 방법으로 표현된다.

① מְאֹד '매우', בִּמְאֹד, עַד־מְאֹד, מְאֹד מְאֹד 등의 부사에 의해서

טוֹב מְאֹד '매우 좋다, 가장 좋다'

② 단어를 반복함으로

שִׁיר הַשִּׁירִים '노래들 중에 노래(가장 좋은 노래)'

קֹדֶשׁ קָדָשִׁים (코데쉬 카다쉼) '거룩함들 중에 거룩한(가장 거룩한)'

עֶבֶד עֲבָדִים '종들 중의 종(가장 낮은 종)'

מֶלֶךְ מְלָכִים '왕들 중의 왕(가장 위대한 왕)'

③ 신과 연계시킴으로

הַרְרֵי אֵל '장대한 산들'(문자적으로는 '하나님의 산들')

אַרְזֵי אֵל '장대한 삼나무'

כּוֹכְבֵי אֵל '지극히 높은 별들'

창세기 1장 2절의 רוּחַ אֱלֹהִים은 '하나님의 신'으로 번역하였으나 '매우 강한 바람'으로도 번역할 수 있다.

3. 비교급의 용례들

גָּבֹהַּ אָנֹכִי מִמֶּנּוּ "나는 그보다 (키가) 더 크다."

גָּבֹהַ הוּא מֵאִשְׁתּוֹ "그는 그의 아내보다 더 크다."

קָטֹן מֵהְיוֹת "~이 되기에는 너무 작다."

בְּנוֹ הַגָּדוֹל '그의 큰 아들'

בִּתּוֹ הַקְּטַנָּה '그의 막내딸'

수사(the numerals)

1. 기수(the cardinal numbers)

○ 히브리어의 기수는 남성과 여성이 있다. 그리고 각각 절대형과 연계형이 있다. 그런데 특이하게도 남성형 명사와 결합하는 수사가 반대성이 되는 경우가 많다는 것이다. 예를 들어 3부터 10까지는 여성형 수사가 남성명사와 결합되어 나타난다. 즉 여성형의 특징인 접미어 הָ가 남성명사와 결합하는 수사에 나타난다.

חֲמִשָּׁה בָנִים '다섯 명의 아들들'

○ 3부터 10까지의 수는 명사인데, 그 수가 가리키는 명사에 연계형으로 결합한다. 그리고 절대형으로 사용되는 경우도 있는데 이때는 명사와 동격관계로 명사의 앞에 위치하게 되지만 후대 문체에서는 뒤에 오기도 한다.

בָּנִים חֲמִשָּׁה(연계형) '다섯 명의 아들들', חֲמֵשֶׁת בָּנִים 혹은 חֲמִשָּׁה בָנִים

○ 수사는 명사이기 때문에 대명사 접미어가 올 수 있다.

שְׁנֵינוּ '우리 둘', שְׁלָשְׁתָּם(쉴로쉬탐) '그들 셋'

	남성명사에 대하여		여성명사에 대하여	
	절대형	연계형	절대형	연계형
1	אֶחָד	אַחַד	אַחַת	אַחַת
2	שְׁנַיִם	שְׁנֵי	שְׁתַּיִם	שְׁתֵּי
3	שְׁלֹשָׁה	שְׁלֹשֶׁת	שָׁלֹשׁ	שְׁלֹשׁ

	남성명사에 대하여		여성명사에 대하여	
	절대형	연계형	절대형	연계형
4	אַרְבָּעָה	אַרְבַּעַת	אַרְבַּע	אַרְבַּע
5	חֲמִשָּׁה	חֲמֵשֶׁת	חָמֵשׁ	חֲמֵשׁ
6	שִׁשָּׁה	שֵׁשֶׁת	שֵׁשׁ	שֵׁשׁ
7	שִׁבְעָה	שִׁבְעַת	שֶׁבַע	שְׁבַע
8	שְׁמֹנָה	שְׁמֹנַת	שְׁמֹנֶה	שְׁמֹנֶה
9	תִּשְׁעָה	תִּשְׁעַת	תֵּשַׁע	תְּשַׁע
10	עֲשָׂרָה	עֲשֶׂרֶת	עֶשֶׂר	עֶשֶׂר

○ 13부터 19까지는 끝수(3~9)와 10을 가리키는 두 단어를 이어붙인다. 그리고 이어붙이는 10단위는 남성 명사와 결합하는 경우 עָשָׂר이고 여성 명사와 결합하는 경우 עֶשְׂרֵה이다.

11부터 19까지의 수들은 명사와 동격으로만 연결되며, 위치는 명사 앞이 일반적이지만 때로는 뒤에 오기도 한다. 명사는 주로 복수형태를 취한다.

עָרִים תְּשַׁע־עֶשְׂרֵה '열아홉 성읍들', חֲמִשָּׁה עָשָׂר בָּנִים '열다섯 아들들'

하지만 몇몇 명사들(נֶפֶשׁ, אִישׁ, שָׁנָה, יוֹם)과 집합명사들은 단수 형태로 나타난다.

תִּשְׁעָה־עָשָׂר אִישׁ '열아홉 남자들'

	남성명사에 대해서	여성명사에 대해서
11	אַחַד עָשָׂר	אַחַת עֶשְׂרֵה
	עַשְׁתֵּי עָשָׂר	עַשְׁתֵּי עֶשְׂרֵה
12	שְׁנֵים עָשָׂר	שְׁתֵּים עֶשְׂרֵה
	שְׁנֵי עָשָׂר	שְׁתֵּי עֶשְׂרֵה
13	שְׁלֹשָׁה עָשָׂר	שְׁלֹשׁ עֶשְׂרֵה

	남성명사에 대해서	여성명사에 대해서
14	אַרְבָּעָה עָשָׂר	אַרְבַּע עֶשְׂרֵה
15	חֲמִשָּׁה עָשָׂר	חֲמֵשׁ עֶשְׂרֵה
16	שִׁשָּׁה עָשָׂר	שֵׁשׁ עֶשְׂרֵה
17	שִׁבְעָה עָשָׂר	שְׁבַע עֶשְׂרֵה
18	שְׁמֹנָה עָשָׂר	שְׁמֹנֶה עֶשְׂרֵה
19	תִּשְׁעָה עָשָׂר	תֵּשַׁע עֶשְׂרֵה

○ 20부터 90까지 십의 배수는 1부터 9까지의 수를 나타내는 단어의 복수로 표기된다.

עֶשְׂרִים '20', שְׁלֹשִׁים '30', אַרְבָּעִים '40', חֲמִשִּׁים '50',

שִׁשִּׁים '60', שִׁבְעִים '70', שְׁמֹנִים '80', תִּשְׁעִים '90'

100은 독립된 단어 מֵאָה가 있다(연계형 מְאַת). 20부터 100은 남녀 성의 구분없이 사용된다. 이들 수는 연계형이 존재하지 않기 때문에(100은 제외) 명사와 동격으로만 사용되고 위치는 명사 앞에 온다. 이때 명사는 종종 단수형태를 취한다. 그러나 동격의 수사가 명사 뒤에 오면 명사는 복수형태를 취한다.

אַרְבָּעִים שָׁנָה '사십 년'
אֵילִים עֶשְׂרִים וּגְמַלִּים שְׁלֹשִׁים '숫양 이십과 낙타 삼십'

○ 62와 같은 두 자리 수는 2+60과 같이 표현한다.

שְׁתַּיִם וְשִׁשִּׁים שָׁנָה '62년'

명사가 단위마다 반복되는 경우도 있다.

חָמֵשׁ שָׁנִים וְשִׁבְעִים שָׁנָה '75년'

○ 기타 여러 단위들

מֵאָה '100', 연계형 מְאַת, 복수 מֵאוֹת '수백'

מָאתַיִם '200'(쌍수, <מְאָתַיִם), שְׁלֹשׁ מֵאוֹת '300', אַרְבַּע מֵאוֹת '400',

אֶלֶף '1,000', אַלְפַּיִם '2,000'(쌍수),

שְׁלֹשֶׁת אֲלָפִים '3,000', אַרְבַּעַת אֲלָפִים '4,000'

רְבָבָה '10,000', 복수 רְבָבוֹת, 또 다른 표현 רִבּוֹא(רִבּוֹ),

　복수 רִבּוֹת 또는 רִבֹּאוֹת(또 다른 표현은 후대 형태들),

רִבּוֹתַיִם '20,000'(쌍수)

○ מֵאָה의 단수는 절대형이나 연계형으로 나타나는데 절대형이 주로 나타난다.

בֶּן־מֵאָה שָׁנָה '백 세'(또는 בֶּן־מְאַת שָׁנָה) – 여기서 בֵּן은 남자의 나이를 나타낼 때
　사용되는 단어이다.

○ 알파벳의 숫가(numerical value)를 사용하여 수를 나타내기도 한다.

○ 배수는 다음 두 가지 방법으로 나타난다.
　① פַּעַם '번'을 사용하여: פַּעֲמַיִם '두 번', שָׁלֹשׁ פְּעָמִים '세 번'
　② 수사의 여성 쌍수 형태를 사용하여: שִׁבְעָתַיִם '일곱 번'

2. 서수(the ordinal numbers)

　1부터 10까지의 서수들은 형용사이며, 형용사가 가지고 있는 통상적인 법칙을 따른다. 11 이상에서는 기수가 서수로도 사용된다. 서수는 다음과 같다.

첫번째	רִאשׁוֹן	여성	רִאשׁוֹנָה
두번째	שֵׁנִי	여성	שֵׁנִית
세번째	שְׁלִישִׁי	여성	שְׁלִישִׁית, ־ִיָּה
네번째	רְבִיעִי	여성	רְבִיעִית
다섯번째	חֲמִישִׁי	여성	חֲמִישִׁית
	חֲמִשִׁי	여성	חֲמִשִׁית

בַּיּוֹם הַשְּׁבִיעִי '일곱 번째 날'

בִּשְׁנַת שְׁמֹנֶה עֶשְׂרֵה לַמֶּלֶךְ 또는 בִּשְׁמֹנֶה עֶשְׂרֵה שָׁנָה לַמֶּלֶךְ '그 왕의 열여덟 번째 해(재위 18년)'

3. 분수(fractions)

○ 분수는 서수의 형태로 표현될 수 있다.

   שְׁלִישִׁית '삼분의 일'

○ 몇몇은 쎄골형이 분수로 사용된다.

   רֹבַע 또는 רֶבַע '사분의 일', חֹמֶשׁ '오분의 일'

○ '이분의 일'은 חֲצִי로 표현된다.

의문사, 부사, 접속사, 감탄사

1. 의문사

○ 히브리어에서 의문문은 의문사 없이 표현될 때가 있으므로 그 문장이 의문문인지 판단하기 어려운 경우가 있다. 다만 의문문을 나타내는 의문 편사(interrogative particle) הֲ(ה)로 시작되는 경우가 많다.

○ '~인지, 아니면 ~인지'와 같은 이접적 의문문(disjunctive questions)은 הֲ...אִם으로 표현된다.

  הֲלָנוּ אַתָּה אִם לְצָרֵינוּ "너는 우리를 위하느냐, 아니면 우리의 적을 위하느냐?"

○ 의문사 הֲ가 모음변형을 나타낼 때가 있다.

  ① '쉐바' 앞에서는 הַ이다.

    הַמְעַט "적으냐?"

  때로 경강점이 다음 첫 철자에 오기도 하고 메텍으로 음절을 구분하기도 한다.

  ② 후음 앞에서도 הַ이며, 메텍이 종종 표시된다.

    הַאֵלֵךְ "내가 가리이까?"

  ③ ◌ָ 또는 ◌ֳ가 붙은 후음 앞에서는 הֶ이다.

    הֶחָזָק "강하냐?"

2. 부사

○ 의문 부사들

אֵי, אַיֵּה, אֵי־זֶה '어디에?' (접미어가 붙으면, אַיֶּכָּה "네가 어디 있느냐?", אַיּוֹ "그가 어디 있느냐?", אַיָּם "그들이 어디 있느냐?")

מֵאַיִן, אֵי־מִזֶּה '어디에서?', אָנָה '어디로?'

אֵיכָה, אֵיךְ '어떻게?, 얼마나!'

○ 명사의 대격어미 흔적으로 보이는 ָ ם이 접미된 형태의 부사들

יוֹמָם '낮에', רֵיקָם '헛되이, 빈손으로', חִנָּם(<חֵן '은혜') '거저, 은혜로'

어떤 경우는 â가 ô로 변형된다(canaanite shift?).

פִּתְאֹם '갑자기', שִׁלְשֹׁם '그저께, 사흘 전'

○ סָבִיב는 원래 명사이지만 대개의 경우 '~주위에'를 뜻하는 부사 또는 전치사로 사용된다.

יהוה סָבִיב לְעַמּוֹ "야웨(주님)께서 자기 백성 주위에 계신다."

전치사로 쓰일 때는 항상 복수 형태를 취하는데 여성형(סְבִיבוֹתֶיךָ '네 주위에')이 남성형(סְבִיבֶיךָ)보다 더 자주 나타난다.

3. 여러 가지 접속사들

○ גַּם '또한, 심지어 ~조차도', גַּם כִּי '~일지라도', גַּם...גַּם '둘 다(both...and)', גַּם לֹא...גַּם לֹא '~도 ~도 아니다(neither...nor)'

○ אוֹ '또는(or)', אוֹ...אוֹ '~인지 아닌지(whether...or)'

○ אִם '만일, ~라면(if)', אִם...אִם '~인지 아닌지(whether...or)', (לוּא)לוּ도 '만일(if)'의 의미를 가지고 있지만 일반적인 조건절은 אִם이라는 접속사가 이끈다.

הִפָּרֶד־נָא מֵעָלָי אִם הַשְּׂמֹאל וְאֵימִנָה "나와 갈라서자! 네가 좌하면 나는 우할 것이다."

반면 (לוּא)לוּ는 과거에 이루어지지 않은 조건을 나타내는 데 사용된다.

לוּ הָפֵץ יהוה לַהֲמִיתֵנוּ לֹא לָקַח וג "야웨(주)께서 우리를 죽이기 원하셨더라면 그가 취하지 않으셨을 것이요…"[48]

그리고 לוּ의 부정은 לוּלֵא이다.

לוּלֵא הֲרַשְׁתֶּם בְּעֶגְלָתִי לֹא מְצָאתֶם אֶת־חִידָתִי "너희가 만일 나의 암송아지로 밭갈지 않았더라면 나의 수수께끼를 발견하지(풀지) 못했을 것이다."

○ 단순한 희망은 מִי이나 מִי־יִתֵּן에 의해 표현되는 경우가 있다.

מִי־יַשְׁקֵנִי מַיִם "오, 내가 물을 마시게 되면 좋으련만(직역: 누가 나에게 물을 마시게 할까?)"

מִי־יִתֵּן תָּבוֹא שֶׁאֱלָתִי "오, 나의 요청이 받아들여지면 좋으련만(직역: 나의 요청이 오도록 누가 해주리요?)"

과거와 관련된 소원도 מִי־יִתֵּן과 부정사 연계형과 함께 표현될 수 있다.

מִי־יִתֵּן מוּתִי אֲנִי תַחְתֶּיךָ "오, 내가 너를 대신하여 죽었으면 좋으련만"

혹은 לוּ와 완료와 함께 표현될 수 있다.

לוּ מַתְנוּ בְּאֶרֶץ מִצְרַיִם "우리가 애굽 땅에서 죽었더라면 좋았을텐데!"

---

48 וג는 וְגוֹמֵר의 약자로서 '기타, 등등'의 의미를 가지고 있다.

○ 역접

① '그러나, 그런데'와 같은 역접이 접속사 וְ로 표현되는 경우가 빈번하다.

② 또는 כִּי의 반의적 의미를 통해 '역접'을 표현하는 경우도 있다.

הוּא לֹא־כֵן יְדַמֶּה וּלְבָבוֹ לֹא־כֵן יַחְשֹׁב כִּי לְהַשְׁמִיד בִּלְבָבוֹ וּלְהַכְרִית גּוֹיִם לֹא מְעָט "그는 그렇게 생각하지도 않으며 그렇게 계획하지도 않고, 그의 마음에 적지 않은 민족들을 파괴하고 쓸어버리려 한다."

③ 강력한 반의적 의미를 가진 אוּלָם을 통해 표현한다.

אוּלָם אֲנִי אֶדְרֹשׁ אֶל־אֵל "그러나 나는 하나님께 구했을텐데."

וַיִּקְרָא אֶת־שֵׁם הַמָּקוֹם הַהוּא בֵּית־אֵל וְאוּלָם לוּז שֵׁם־הָעִיר לָרִאשֹׁנָה "그래서 그는 그 장소의 이름을 벧엘이라 불렀다. 그러나 원래 그 도시의 이름은 루즈였다."

④ 앞절이 부정문일 때는 כִּי־אִם이 역접의 절을 이끈다. 결과적으로 영어의 not~ but~ (~이 아니라 ~이다) 구문과 비슷하다.

אֲנִי שְׂנֵאתִיו כִּי לֹא־יִתְנַבֵּא עָלַי טוֹב כִּי־אִם רָע "나는 그가 나에 대해 좋은 것이 아닌 나쁜 것을 예언하기 때문에 그를 싫어한다."

혹은 앞절에 부정어가 없다 하더라도 실질적인 부정문일 때

מִי עִוֵּר כִּי אִם־עַבְדִּי "나의 종이 아니라면 누가 맹인이겠느냐?(나의 종 외에 누가 맹인이냐?)"

כִּי אִם의 또 다른 용법으로, '~이 아니면(unless), ~을 제외하고(except)'가 있다.

לֹא אֲשַׁלֵּחֲךָ כִּי אִם־בֵּרַכְתָּנִי "당신이 나를 축복하지 않으면 당신을 보내지 않겠습니다."

אֵין כֹּל בַּבַּיִת כִּי אִם־אָסוּךְ שָׁמֶן "기름 한 병 외에는 집에 아무 것도 없다."

○ 귀결절(apodosis)이 생략된 맹세문에서, אִם은 '결코 아니다', אִם לֹא는 '단언컨데, 반

166

드시'라는 의미로 사용된다.

אִם יִהְיֶה טַל "이슬이 없으리라!"
אִם־לֹא הָאָרֶץ לְךָ תִהְיֶה לְנַחֲלָה "그 땅은 반드시 너에게 유업이 될 것이다!"
אִם־אֶעֱשֶׂה אֶת־הַדָּבָר הַזֶּה "나는 결코 이 일을 하지 않겠다."

세 번째 예문은 "내가 이 일을 행하면 (나는 저주를 받을 것이다)"라는 문장의 괄호의 내용(귀결절)이 생략된 형태이다. 이러한 저주형식(imprecatory formula)이 암시하는 것은 본래 희생제물이 도살당하는 것이었다. 즉 귀결절이 나타내는 것은 곧 죽음이다. 후대의 관습은 그 말을 하는 사람이 그와 같은 상징적 행동이나 제스처를 행하는 것이었을 것이다. 그 행동의 의미는 "하나님이 나를 파괴하시거나 그보다 더 나쁘게 하시길"이다.

○ 어떤 전치사는 אֲשֶׁר와 결합하여 접속사처럼 사용된다.

אַחֲרֵי אֲשֶׁר '~후에'

4. 감탄사(interjections)

אָח, אֲהָהּ '아!', אוֹי '화로다!', הוֹי '아아! 슬프도다!'

הַס(마치 명령법처럼 הַס의 명령법 복수형태 הַסּוּ도 사용됨) '쉿! 조용!'

חָלִילָה '~하는 일은 결코 없으리라!'(감탄사지만 다음과 같은 구문에서도 사용됨,
חָלִילָה לָּנוּ מֵעֲזֹב אֶת־יהוה "우리가 야웨(주)를 떠나는 일은 결코 없으리라!")

액센트(The Accents)

○ 히브리어 액센트는 세 가지 기능을 가지고 있다.

   (1) 음절의 강조

   (2) 콤마와 마침표와 같은 구둣점

   (3) 음악 기호

○ 액센트 기호들 중 알파벳의 위에 오는 것과 아래에 오는 것이 있는데, 위에 오는 액센트는 주로 מַ֫יִם와 같이 액센트가 오는 음절의 첫째 자음에 온다. 그리고 아래에 올때는 מַיִם과 같이 음절의 모음 뒤에 온다. 다만 וֹ과 וּ의 경우 예외적으로 그 음절의 자음 아래에 온다.

   רוּחַ יוֹם

몇 개의 액센트는 단어의 첫 문자나 마지막 문자에만 온다.

   הָרָקִיעַ

○ 액센트의 종류: 히브리어 액센트는 매우 복잡하여 애매한 경우가 많다.

   ① 일반 액센트(accentus communes, 21권에서 사용)와 시문 액센트(accentus poetici, 시편, 욥기, 잠언)로 나뉜다.

   ② 바로 뒤에 오는 단어와 끊어서 읽는 분리 액센트(accentus distinctivi)와 붙여서 읽는 연결 액센트(accentus coniunctivi)가 있다. 이들은 주 액센트(accentus domini)와 종 액센트(accentus servi)로 불리기도 한다.

③ 액센트 기호와 명칭

A. 일반 액센트

a. 분리 액센트

1) סִלּוּק	6) זָקֵף גָּדוֹל	11) יְתִיב	16) פָּזֵר גָּדוֹל
2) אַתְנָח	7) רְבִיעַ	12) תְּבִיר	17) תְּלִישָׁא גְדוֹלָה
3) סְגוֹלְתָּא	8) טִפְחָא	13) גֶּרֶשׁ	18) לְגַרְמֵהּ
4) שַׁלְשֶׁלֶת	9) זַרְקָא	14) גֵּרְשַׁיִם	
5) זָקֵף קָטוֹן	10) פַּשְׁטָא	15) פָּזֵר	

b. 연결 액센트

19) מוּנַח	22) מֵירְכָא כְפוּלָה	25) תְּלִישָׁא קְטַנָּה
20) מַהְפָּךְ, מְטִפָּךְ	23) דַּרְגָּא	26) יֶרַח, גַּלְגַּל
21) מֵירְכָא	24) אַזְלָא	27) מְאַיְלָא

B. 시문 액센트

a. 분리 액센트

1) סִלּוּק	4) רְבִיעַ גָּדוֹל	7) צִנּוֹר	10) פָּזֵר
2) עוֹלֶה וְיוֹרֵד	5) רְבִיעַ מֻגְרָשׁ	8) רְבִיעַ קָטֹן	11) מְהֻפָּךְ לְגַרְמֵהּ
3) אַתְנָח	6) שַׁלְשֶׁלֶת גְּדוֹלָה	9) דְּחִי	12) אַזְלָא לְגַרְמֵהּ

b. 연결 액센트

13) מוּנַח	16) טַרְחָא	19) אַזְלָא
14) מֵירְכָא	17) יֶרַח, גַּלְגַּל	20) שַׁלְשֶׁלֶת קְטַנָּה
15) עִלּוּי	18) מְהֻפָּךְ	21) צִנּוֹרִית

※ 참고: 4)와 8)은 형태만으로는 구분되지 않는다. 그러나 8)은 항상 2) 바로 앞에 표기된다.

④ 액센트에 따른 구둣점 체계

- 각 절의 끝은 :(**סוֹף פָּסוּק**)으로 구분되며, 마지막 단어에는 가장 강한 액센트인 **סִלּוּק**(◌ֽ)이 온다.

  (창 1:1) ...הָאָֽרֶץ׃

- 한 절 내에서 가장 큰 논리적 단락 구분은 **אַתְנָח**(◌ֽ)로 표시된다.

  (창 1:1) ...הָאָ֑רֶץ...אֱלֹהִ֑ים...

- **אַתְנָח**로 구획된 상반절 앞쪽에 위치한 큰 단락은 **סְגוֹלְתָּא**(◌֒)로 표시한다.

  (창 1:7) ...כֵּ֑ן...לָרָקִ֔יעַ...הָרָקִ֔יעַ...

- 상반절이나 하반절, 또는 '쎄골타'와 '아트나흐' 사이에 위치한 구절을 또다시 두 개의 단락으로 구분할 때는 **זָקֵף קָטוֹן**(◌֔)을 표시한다. **זָקֵף גָּדוֹל**(◌֕)도 동일한 분리효과를 지니지만, 나뉜 단락에 하나의 단어만 존재할 때 사용된다.

  (창 1:6) ...לְמָ֑יִם...מַבְדִּ֔יל...הַמַּ֔יִם...אֱלֹהִ֔ים...

- **רְבִיעַ**(◌֗)는 '홀렘'과 모양이 유사하지만 그보다 약간 높은 위치에 표기되며, 자켑으로 구분된 단락을 다시 세분할 때 종종 사용된다.

  (창 1:14) ...הַלָּ֗יְלָה...הַשָּׁמַ֗יִם...וַיֹּ֤אמֶר אֱלֹהִ֗ים...

- 자켑보다 더 약한 분리 액센트는 **טִפְחָא**(◌֖)이다. 이것은 '실룩'과 '아트나흐' 앞에서 가장 먼저 나타나는 분리 액센트이다. 한편 두세 단어로 이뤄진 절에서는 종종 '아트나흐'를 대신한다(사 2:18).

  (창 1:1) הָאָֽרֶץ...הַשָּׁמַ֖יִם...אֱלֹהִ֑ים...בְּרֵאשִׁ֖ית

- 이상에서 언급된 분리 액센트들은 '베가드케파트 문자'가 다음 단어로 올 때 '연강점'을 찍어주게 된다. 왜냐하면 발음상 앞 단어에서 분리됨으로 앞 단어가 비록 모음으로 끝난다 하더라도 모음의 영향을 받지 않기 때문이다. 반면에 앞 단어에 연

결 액센트가 오고 모음으로 끝나게 되면 이어지는 단어의 첫 자음의 '베가드케파트 문자'에는 연강점이 사라진다. 모음 뒤에 오는 형태가 되기 때문이다.

...שִׁמְע֖וּ דְבַר־יְהוָ֑ה...הַאֲזִ֛ינוּ תּוֹרַ֥ת אֱלֹהֵ֖ינוּ (사 1:10)

• 이 외에도 효력이 더 약한 여러 가지 분리 액센트들이 있다. 또한 주강세인 분리 액센트들에 대해 종강세인 연결 액센트들이 있다. 이 액센트들은 바로 뒤에 이어지는 단어와 구문상으로 밀접하게 연결된 단어에 표시된다. 연결 액센트들의 다양성은 그것들이 특히 음악적인 효과를 나타내었던 것으로 추측케 한다. 만약 그렇지 않았다면 하나의 연결 액센트만으로 충분했을 것이다. 참고로 가장 흔한 연결 액센트는 실룩과 티브하에 종속된 מֵירְכָ֥א와 아트나흐와 자켑에 종속된 מוּנַ֣ח이다.

...בָּרָ֣א אֱלֹהִ֑ים...אֵ֥ת הָאָֽרֶץ (창 1:1)

• 연계상태의 단어는 절대상태의 단어와 결합되어 하나의 의미 단위를 구성하므로 대개는 연결 액센트를 취하게 되지만(אֱלֹהֵ֣י הַשָּׁמַ֔יִם), 액센트는 음률과도 연관이 있으므로 경우에 따라서는 연계상태의 단어에도 분리 액센트가 표기될 수 있다. 특히 연계상태의 단어들이 두 개 이상 이어질 때는 절대상태의 단어 바로 앞에 놓인 것을 제외하고는 모두 분리 액센트가 표기된다.

...אֶת־יְמֵ֣י שְׁנֵי֩ חַיַּ֨י אֲבֹתַ֜י בִּימֵ֣י מְגוּרֵיהֶ֗ם (창 47:9)

• 시편, 욥기, 잠언의 액센트 구둣법은 다른 21권의 책들에서 사용되는 일반 액센트 구둣법과 다소 차이가 난다. 예를 들면 실룩 다음으로 가장 큰 강세는 아트나흐가 아니라 עוֹלֶ֥ה וְיוֹרֵ֑ד이다. 이 기호는 '메레카'와 윗쪽에 표기된 '메후팍'으로 구성되며, 아트나흐로 분절하기에는 너무 긴 절에서 볼 수 있다. 따라서 이 경우에 아트나흐는 하반절을 둘로 나누는 것이 된다.

...רְשָׁ֫עִ֥ים...עָמָ֑ד...יָשָֽׁב (시 1:1)

'올레 베요레드'는 하나의 단어에 오는 것이 원칙이지만 구문상으로 긴밀히 연결

된 두 단어에 붙을 수도 있다.

פַּלְגֵי מָיִם (시 1:3)

동사 변화표

강(규칙)변화 동사

	칼			닢알
	능동사	상태동사		
완료 단수 3.남	קָטַל	כָּבֵד	קָטֹן	נִקְטַל
3.여	קָטְלָה	כָּבְדָה	קָטְנָה	נִקְטְלָה
2.남	קָטַלְתָּ	כָּבַדְתָּ	קָטֹנְתָּ	נִקְטַלְתָּ
2.여	קָטַלְתְּ	כָּבַדְתְּ	קָטֹנְתְּ	נִקְטַלְתְּ
1.공	קָטַלְתִּי	כָּבַדְתִּי	קָטֹנְתִּי	נִקְטַלְתִּי
복수 3.공	קָטְלוּ	כָּבְדוּ	קָטְנוּ	נִקְטְלוּ
2.남	קְטַלְתֶּם	כְּבַדְתֶּם	קְטָנְתֶּם	נִקְטַלְתֶּם
2.여	קְטַלְתֶּן	כְּבַדְתֶּן	קְטָנְתֶּן	נִקְטַלְתֶּן
1.공	קָטַלְנוּ	כָּבַדְנוּ	קָטֹנּוּ	נִקְטַלְנוּ
미완료 단수 3.남	יִקְטֹל	יִכְבַּד	יִקְטַן	יִקָּטֵל
3.여	תִּקְטֹל	תִּכְבַּד		תִּקָּטֵל
2.남	תִּקְטֹל	תִּכְבַּד		תִּקָּטֵל
2.여	תִּקְטְלִי	תִּכְבְּדִי		תִּקָּטְלִי
1.공	אֶקְטֹל	אֶכְבַּד		אֶקָּטֵל (אִקָּטֵל)
복수 3.남	יִקְטְלוּ	יִכְבְּדוּ		יִקָּטְלוּ
3.여	תִּקְטֹלְנָה	תִּכְבַּדְנָה		תִּקָּטַלְנָה
2.남	תִּקְטְלוּ	תִּכְבְּדוּ		תִּקָּטְלוּ
2.여	תִּקְטֹלְנָה	תִּכְבַּדְנָה		תִּקָּטַלְנָה
1.공	נִקְטֹל	נִכְבַּד		נִקָּטֵל
명령법 단수 2.남	קְטֹל (קָטְלָה)	כְּבַד (כָּבְדָה)	나머지 형태들은 יִכְבַּד와 동일함	הִקָּטֵל (הִקָּטֶל)
2.여	קִטְלִי (קָטְלִי)	כִּבְדִי		הִקָּטְלִי
복수 2.남	קִטְלוּ	כִּבְדוּ		הִקָּטְלוּ
2.여	קְטֹלְנָה	כְּבַדְנָה		הִקָּטַלְנָה
지시법(jussive) 3.남	יִקְטֹל	יִכְבַּד		יִקָּטֵל (יִקָּטֶל)
바브연속 미완료	וַיִּקְטֹל	וַיִּכְבַּד		יִקָּטֵל (וַיִּקָּטֶל)
청유법 단수 1.공	אֶקְטְלָה	אֶכְבְּדָה		אֶקָּטְלָה
바브연속 완료	וְקָטַלְתָּ	וְכָבַדְתָּ		וְנִקְטַלְתָּ
부정사 연계형	קְטֹל	כְּבַד (כְּבֹד)		הִקָּטֵל
절대형	קָטוֹל	כָּבוֹד		הִקָּטֹל (נִקְטֹל)
분사 능동	קֹטֵל	כָּבֵד		נִקְטָל
수동	קָטוּל			נִקְטָל

174

강(규칙)변화 동사 (계속)

	피엘	푸알	히트파엘	힢일	홒알
완료 단수 3.남	קִטֵּל (קִטַּל)	קֻטַּל	הִתְקַטֵּל(־קַטַּל)	הִקְטִיל	הָקְטַל
3.여	קִטְּלָה	קֻטְּלָה	הִתְקַטְּלָה	הִקְטִילָה	הָקְטְלָה
2.남	קִטַּלְתָּ	קֻטַּלְתָּ	הִתְקַטַּלְתָּ	הִקְטַלְתָּ	הָקְטַלְתָּ
2.여	קִטַּלְתְּ	קֻטַּלְתְּ	הִתְקַטַּלְתְּ	הִקְטַלְתְּ	הָקְטַלְתְּ
1.공	קִטַּלְתִּי	קֻטַּלְתִּי	הִתְקַטַּלְתִּי	הִקְטַלְתִּי	הָקְטַלְתִּי
복수 3.공	קִטְּלוּ	קֻטְּלוּ	הִתְקַטְּלוּ	הִקְטִילוּ	הָקְטְלוּ
2.남	קִטַּלְתֶּם	קֻטַּלְתֶּם	הִתְקַטַּלְתֶּם	הִקְטַלְתֶּם	הָקְטַלְתֶּם
2.여	קִטַּלְתֶּן	קֻטַּלְתֶּן	הִתְקַטַּלְתֶּן	הִקְטַלְתֶּן	הָקְטַלְתֶּן
1.공	קִטַּלְנוּ	קֻטַּלְנוּ	הִתְקַטַּלְנוּ	הִקְטַלְנוּ	הָקְטַלְנוּ
미완료 단수 3.남	יְקַטֵּל	יְקֻטַּל	יִתְקַטֵּל	יַקְטִיל	יָקְטַל
3.여	תְּקַטֵּל	תְּקֻטַּל	תִּתְקַטֵּל	תַּקְטִיל	תָּקְטַל
2.남	תְּקַטֵּל	תְּקֻטַּל	תִּתְקַטֵּל	תַּקְטִיל	תָּקְטַל
2.여	תְּקַטְּלִי	תְּקֻטְּלִי	תִּתְקַטְּלִי	תַּקְטִילִי	תָּקְטְלִי
1.공	אֲקַטֵּל	אֲקֻטַּל	אֶתְקַטֵּל	אַקְטִיל	אָקְטַל
복수 3.남	יְקַטְּלוּ	יְקֻטְּלוּ	יִתְקַטְּלוּ	יַקְטִילוּ	יָקְטְלוּ
3.여	תְּקַטֵּלְנָה	תְּקֻטַּלְנָה	תִּתְקַטֵּלְנָה	תַּקְטֵלְנָה	תָּקְטַלְנָה
2.남	תְּקַטְּלוּ	תְּקֻטְּלוּ	תִּתְקַטְּלוּ	תַּקְטִילוּ	תָּקְטְלוּ
2.여	תְּקַטֵּלְנָה	תְּקֻטַּלְנָה	תִּתְקַטֵּלְנָה	תַּקְטֵלְנָה	תָּקְטַלְנָה
1.공	נְקַטֵּל	נְקֻטַּל	נִתְקַטֵּל	נַקְטִיל	נָקְטַל
명령법 단수 2.남	קַטֵּל		הִתְקַטֵּל	הַקְטֵל	
2.여	קַטְּלִי		הִתְקַטְּלִי	הַקְטִילִי	
복수 2.남	קַטְּלוּ		הִתְקַטְּלוּ	הַקְטִילוּ	
2.여	קַטֵּלְנָה		הִתְקַטֵּלְנָה	הַקְטֵלְנָה	
지시법 3.남	יְקַטֵּל	יְקֻטַּל	יִתְקַטֵּל	יַקְטֵל	
바브연속 미완료	וַיְקַטֵּל	וַיְקֻטַּל	וַיִּתְקַטֵּל	וַיַּקְטֵל	וַיָּקְטַל
청유법 단수 1.공	אֲקַטְּלָה		אֶתְקַטְּלָה	אַקְטִילָה	
바브연속 완료	וְקִטַּלְתָּ	וְקֻטַּלְתָּ	וְהִתְקַטַּלְתָּ	וְהִקְטַלְתָּ	וְהָקְטַלְתָּ
부정사 연계형	קַטֵּל	(קֻטַּל)	הִתְקַטֵּל	הַקְטִיל	(הָקְטַל)
절대형	קַטֹּל , קַטֵּל	קֻטֹּל	(הִתְקַטֵּל)	הַקְטֵל	(הָקְטֵל)
분사 능동	מְקַטֵּל		מִתְקַטֵּל	מַקְטִיל	
수동		מְקֻטָּל			מָקְטָל

페-바브 및 페-요드 동사

	칼 (바브)	칼 (요드)	칼 (요드)	닢알 (바브)	힢일 (바브)	훞알 (바브)
완료 단수 3.남	יָשַׁב	יָרֵא	יָרַשׁ	נוֹשַׁב	הוֹשִׁיב	הוּשַׁב
3.여	יָשְׁבָה	יָרְאָה	קְטַל과 같은 규칙적인 어형 변화	נוֹשְׁבָה	הוֹשִׁיבָה	הוּשְׁבָה
2.남	יָשַׁבְתָּ	יָרֵאתָ		נוֹשַׁבְתָּ	הוֹשַׁבְתָּ	הוּשַׁבְתָּ
2.여	יָשַׁבְתְּ	יָרֵאת		נוֹשַׁבְתְּ	הוֹשַׁבְתְּ	הוּשַׁבְתְּ
1.공	יָשַׁבְתִּי	יָרֵאתִי		נוֹשַׁבְתִּי	הוֹשַׁבְתִּי	הוּשַׁבְתִּי
복수 3.공	יָשְׁבוּ	יָרְאוּ		נוֹשְׁבוּ	הוֹשִׁיבוּ	הוּשְׁבוּ
2.남	יְשַׁבְתֶּם	יְרֵאתֶם		נוֹשַׁבְתֶּם	הוֹשַׁבְתֶּם	הוּשַׁבְתֶּם
2.여	יְשַׁבְתֶּן	יְרֵאתֶן		נוֹשַׁבְתֶּן	הוֹשַׁבְתֶּן	הוּשַׁבְתֶּן
1.공	יָשַׁבְנוּ	יָרֵאנוּ		נוֹשַׁבְנוּ	הוֹשַׁבְנוּ	הוּשַׁבְנוּ
미완료 단수 3.남	יֵשֵׁב	יִירָא	יִירַשׁ	יִוָּשֵׁב	יוֹשִׁיב	יוּשַׁב
3.여	תֵּשֵׁב	תִּירָא	תִּירַשׁ	תִּוָּשֵׁב	תּוֹשִׁיב	תּוּשַׁב
2.남	תֵּשֵׁב	תִּירָא	תִּירַשׁ	תִּוָּשֵׁב	תּוֹשִׁיב	תּוּשַׁב
2.여	תֵּשְׁבִי	תִּירְאִי	תִּירְשִׁי	תִּוָּשְׁבִי	תּוֹשִׁיבִי	תּוּשְׁבִי
1.공	אֵשֵׁב	אִירָא	אִירַשׁ	אִוָּשֵׁב	אוֹשִׁיב	אוּשַׁב
복수 3.남	יֵשְׁבוּ	יִירְאוּ	יִירְשׁוּ	יִוָּשְׁבוּ	יוֹשִׁיבוּ	יוּשְׁבוּ
3.여	תֵּשַׁבְנָה	תִּירֶאנָה	תִּירַשְׁנָה	תִּוָּשַׁבְנָה	תּוֹשֵׁבְנָה	תּוּשַׁבְנָה
2.남	תֵּשְׁבוּ	תִּירְאוּ	תִּירְשׁוּ	תִּוָּשְׁבוּ	תּוֹשִׁיבוּ	תּוּשְׁבוּ
2.여	תֵּשַׁבְנָה	תִּירֶאנָה	תִּירַשְׁנָה	תִּוָּשַׁבְנָה	תּוֹשֵׁבְנָה	תּוּשַׁבְנָה
1.공	נֵשֵׁב	נִירָא	נִירַשׁ	נִוָּשֵׁב	נוֹשִׁיב	נוּשַׁב
명령법 단수 2.남	שֵׁב(שְׁבָה)	יְרָא	רֵשׁ(רַשׁ)	הִוָּשֵׁב	הוֹשֵׁב	
2.여	שְׁבִי	יִרְאִי	רְשִׁי	הִוָּשְׁבִי	הוֹשִׁיבִי	
복수 2.남	שְׁבוּ	יִרְאוּ	רְשׁוּ	הִוָּשְׁבוּ	הוֹשִׁיבוּ	
2.여	שֵׁבְנָה	יְרֶאנָה	רַשְׁנָה	הִוָּשַׁבְנָה	הוֹשֵׁבְנָה	
지시법 3.남					יוֹשֵׁב	
바브연속 미완료	וַיֵּשֶׁב		וַיִּירַשׁ		וַיּוֹשֶׁב	
청유법 단수 1.공	אֵשְׁבָה		אִירְשָׁה			
접미어가 붙은 미완료	יֵדָעֵנִי	명령법 דְּעֵהוּ				
부정사 연계형	שֶׁבֶת	יִרְאָה	רֶשֶׁת	הִוָּשֵׁב	הוֹשִׁיב	הוּשַׁב
절대형	יָשׁוֹב		יָרוֹשׁ		הוֹשֵׁב	
분사 능동	יֹשֵׁב	יָרֵא	יֹרֵשׁ		מוֹשִׁיב	
수동	יָשׁוּב		יָרוּשׁ	נוֹשָׁב		מוּשָׁב

페-요드 동사 중 특별한 동사들

	페-요드, 칼	페-요드, 힢일	요드가 동화되는 동사 '칼' (יָצַת ,יָצַק)	요드가 동화되는 동사 '닢알' (יָצַת)	요드가 동화되는 동사 '힢일' (יָצַת)
완료 단수 3.남	יָנַק	הֵינִיק	יָצַק	נִצַּת	הִצִּית
3.여		הֵינִיקָה		נִצְּתָה	
2.남		הֵינַקְתָּ	יָצַקְתָּ		
2.여		הֵינַקְתְּ	יָצַקְתְּ		
1.공	קָטַל처럼 규칙적인 어형 변화	הֵינַקְתִּי			הִצַּתִּי
복수 3.공		הֵינִיקוּ		נִצְּתוּ	הִצִּיתוּ
2.남		הֵינַקְתֶּם			
2.여		הֵינַקְתֶּן			
1.공		הֵינַקְנוּ			
미완료 단수 3.남	יִינַק	יֵינִיק	יֵצַק ,יֵצַת ,יִצַּת		יַצִּית
3.여	תֵּינַק	תֵּינִיק	תִּצַּת ,תֵּצַת		
2.남	תֵּינַק	תֵּינִיק			
2.여	תֵּינְקִי	תֵּינִיקִי			
1.공	אִינַק	אֵינִיק	אֵצַק		
복수 3.남	יִינְקוּ	יֵינִיקוּ	יֵצְתוּ		יַצִּיתוּ
3.여	תֵּינַקְנָה	תֵּינַקְנָה	תֵּצַתְנָה		
2.남	תֵּינְקוּ	תֵּינִיקוּ			תַּצִּיתוּ
2.여	תֵּינַקְנָה	תֵּינַקְנָה			
1.공	נִינַק	נֵינִיק			
명령법 단수 2.남		הֵינֵק	צַת ,יְצַק		
2.여		הֵינִיקִי			
복수 2.남		הֵינִיקוּ	יְצַקוּ		
2.여		הֵינֵקְנָה			
지시법 3.남		יֵינֵק			יַצֵּת
바브연속 미완료		וַיֵּינֵק	וַיִּצַּק ,וַיִּצֶק		וַיַּצֵּת
칭유법 단수 1.공					
바브연속 완료					
부정사 연계형		הֵינִיק	צֶקֶת		
절대형		הֵינֵק			
분사 능동	יוֹנֵק	מֵינִיק			
수동	יָנוּק				מֻצָּת

아인-바브 및 아인-요드 동사

	아인-바브, 칼			아인-바브, 닢알	아인-바브, 힢일
	능동사	상태동사			
완료 단수 3.남	קָם	מֵת	בֵּן	נָקוֹם	הֵקִים
3.여	קָ֫מָה	מֵ֫תָה	בֵּ֫נָה	נָק֫וֹמָה	הֵקִ֫ימָה
2.남	קַ֫מְתָּ	מַ֫תָּה	בֵּ֫נְתָּ	נְקוּמֹ֫תָ	הֲקִימֹ֫תָ
2.여	קַמְתְּ	מַתְּ	בֵּנְתְּ	נְקוּמֹת	הֲקִימוֹת
1.공	קַ֫מְתִּי	מַ֫תִּי	בֵּ֫נְתִּי	נְקוּמֹ֫תִי	הֲקִימֹ֫תִי
복수 3.공	קָ֫מוּ	מֵ֫תוּ	בֵּ֫נוּ	נָק֫וֹמוּ	הֵקִ֫ימוּ
2.남	קַמְתֶּם	מַתֶּם	בֵּנְתֶּם	נְקוּמֹתֶם	הֲקִימוֹתֶם
2.여	קַמְתֶּן	מַתֶּן	בֵּנְתֶּן	נְקוּמֹתֶן	הֲקִימוֹתֶן
1.공	קַ֫מְנוּ	מַ֫תְנוּ	בֵּ֫נּוּ	נְקוּמֹ֫נוּ	הֲקִימֹ֫נוּ
미완료 단수 3.남	יָקוּם	יָמוּת	יָבִין	יִקּוֹם	יָקִים
3.여	תָּקוּם	תָּמוּת	תָּבִין	תִּקּוֹם	תָּקִים
2.남	תָּקוּם	תָּמוּת	תָּבִין	תִּקּוֹם	תָּקִים
2.여	תָּק֫וּמִי	תָּמ֫וּתִי	תָּבִ֫ינִי	תִּקּ֫וֹמִי	תָּקִ֫ימִי
1.공	אָקוּם	אָמוּת	אָבִין	אֶקּוֹם	אָקִים
복수 3.남	יָק֫וּמוּ	יָמ֫וּתוּ	יָבִ֫ינוּ	יִקּ֫וֹמוּ	יָקִ֫ימוּ
3.여	תְּקוּמֶ֫ינָה	תְּמוּתֶ֫ינָה	תְּבִינֶ֫ינָה		תְּקִימֶ֫ינָה, תְּקֵ֫מְנָה
2.남	תָּק֫וּמוּ	תָּמ֫וּתוּ	תָּבִ֫ינוּ	תִּקּ֫וֹמוּ	תָּקִ֫ימוּ
2.여	תְּקוּמֶ֫ינָה	תְּמוּתֶ֫ינָה	תְּבִינֶ֫ינָה		תְּקֵ֫מְנָה
1.공	נָקוּם	נָמוּת	נָבִין	נִקּוֹם	נָקִים
명령법 단수 2.남	קוּם, ק֫וּמָה	מוּת	בִּין	הִקּוֹם	הָקֵם, הָקִ֫ימָה
2.여	ק֫וּמִי	מ֫וּתִי	בִּ֫ינִי	הִקּ֫וֹמִי	הָקִ֫ימִי
복수 2.남	ק֫וּמוּ	מ֫וּתוּ	בִּ֫ינוּ	הִקּ֫וֹמוּ	הָקִ֫ימוּ
2.여	קֹ֫מְנָה	מֹ֫תְנָה		הִקֹּ֫מְנָה	הָקֵ֫מְנָה
지시법 3.남	יָקֹם	יָמֹת	יָבֵן		יָקֵם
바브연속 미완료	וַיָּ֫קָם	וַיָּ֫מָת	וַיָּ֫בֶן		וַיָּ֫קֶם
청유법 단수 1.공	אָק֫וּמָה	אָמ֫וּתָה	אָבִ֫ינָה		אָקִ֫ימָה
바브연속 완료	וְקַמְתָּ֫	וּמַ֫תָּה	וּבַנְתָּ֫		וַהֲקִימוֹתָ֫
부정사 연계형	קוּם	מוּת	בִּין	הִקּוֹם	הָקִים
절대형	קוֹם	מוֹת	בּוֹן	הִקּוֹם, נָקוֹם	הָקֵם
분사 능동	קָם, קָ֫מָה	מֵת	בֵּן		מֵקִים, מְקִימָה
수동	קוּם, ק֫וּמָה		(בּוֹן, בִּין)	נָקוֹם, נְקוֹמָה	

178

아인-바브 동사 (계속)

	아인-바브, 훞알	아인-바브, 강의형		
		능동[49]	수동[50]	재귀[51]
완료 단수 3.남	הוּקַם	קִיֵּם ,קוֹמֵם ,קָמְקֵם	קוֹמַם ,קָמְקַם	הִתְקַיֵּם ,הִתְקוֹמֵם הִתְקַמְקֵם
3.여	הוּקְמָה	קוֹמְמָה	[קוֹמְמָה]	הִתְקוֹמְמָה
2.남	הוּקַ֫מְתָּ	קוֹמַ֫מְתָּ	קוֹמַמְתָּ	הִתְקוֹמַמְתָּ
2.여	הוּקַמְתְּ	[קוֹמַמְתְּ]	[קוֹמַמְתְּ]	
1.공	הוּקַ֫מְתִּי	קוֹמַ֫מְתִּי	קוֹמַ֫מְתִּי	הִתְקוֹמַמְתִּי
복수 3.공	הוּקְמוּ	קוֹמְמוּ	קוֹמְמוּ	הִתְקוֹמְמוּ
2.남	הוּקַמְתֶּם	[קוֹמַמְתֶּם]	[קוֹמַמְתֶּם]	
2.여	הוּקַמְתֶּן	[קוֹמַמְתֶּן]	[קוֹמַמְתֶּן]	
1.공	הוּקַ֫מְנוּ	[קוֹמַ֫מְנוּ]	[קוֹמַ֫מְנוּ]	
미완료 단수 3.남	יוּקַם	יְקוֹמֵם	יְקוֹמַם	יִתְקוֹמֵם
3.여	תּוּקַם	תְּקוֹמֵם	[תְּקוֹמַם]	תִּתְקוֹמֵם
2.남	תּוּקַם	תְּקוֹמֵם	[תְּקוֹמַם]	תִּתְקוֹמֵם
2.여	תּוּקְמִי	[תְּקוֹמֲמִי]	[תְּקוֹמֲמִי]	תִּתְקוֹמֲמִי
1.공	אוּקַם	אֲקוֹמֵם	[אֲקוֹמַם]	אֶתְקוֹמֵם
복수 3.남	יוּקְמוּ	יְקוֹמֲמוּ	יְקוֹמֲמוּ	יִתְקוֹמֲמוּ
3.여	תּוּקַ֫מְנָה	תְּקוֹמֵ֫מְנָה	תְּקוֹמַ֫מְנָה	תִּתְקוֹמַ֫מְנָה
2.남	תּוּקְמוּ	תְּקוֹמֲמוּ	[תְּקוֹמֲמוּ]	תִּתְקוֹמֲמוּ
2.여	תּוּקַ֫מְנָה	תְּקוֹמֵ֫מְנָה	[תְּקוֹמַ֫מְנָה]	
1.공	נוּקַם	[נְקוֹמֵם]	[נְקוֹמַם]	נִתְקוֹמֵם
명령법 단수 2.남		קוֹמֵם		
2.여		[קוֹמֲמִי]		הִתְקוֹמֲמִי
복수 2.남		קוֹמֲמוּ		
2.여		[קוֹמֵ֫מְנָה]		הִתְקוֹמֲמְנָה
지시법 3.남				
바브연속 미완료				וַיִּתְקוֹמֵם
청유법 단수 1.공				
바브연속 완료				
부정사 연계형	הוּקַם			הִתְקוֹמֵם
절대형				
분사 능동		מְקוֹמֵם	מְקוֹמַם	
수동	מוּקָם			מִתְקוֹמֵם

라멛-헤(요드 및 바브) 동사

	칼	닢알	피엘	푸알	히트파엘
완료 단수 3.남	גָּלָה	נִגְלָה	גִּלָּה	גֻּלָּה	הִתְגַּלָּה
3.여	גָּלְתָה	נִגְלְתָה	גִּלְּתָה	גֻּלְּתָה	הִתְגַּלְּתָה
2.남	גָּלִיתָ	נִגְלֵיתָ	גִּלִּיתָ/גִּלֵּיתָ	גֻּלֵּיתָ	הִתְגַּלִּיתָ/הִתְגַּלֵּיתָ
2.여	גָּלִית	נִגְלֵית	גִּלִּית	גֻּלֵּית	הִתְגַּלִּית/הִתְגַּלֵּית
1.공	גָּלִיתִי	נִגְלֵיתִי	גִּלִּיתִי/גִּלֵּיתִי	גֻּלֵּיתִי	הִתְגַּלֵּיתִי
복수 3.공	גָּלוּ	נִגְלוּ	גִּלּוּ	גֻּלּוּ	הִתְגַּלּוּ
2.남	גְּלִיתֶם	נִגְלֵיתֶם	גִּלִּיתֶם	גֻּלֵּיתֶם	הִתְגַּלִּיתֶם
2.여	גְּלִיתֶן	נִגְלֵיתֶן	גִּלִּיתֶן	גֻּלֵּיתֶן	הִתְגַּלִּיתֶן
1.공	גָּלִינוּ	נִגְלֵינוּ	גִּלִּינוּ	גֻּלֵּינוּ	הִתְגַּלִּינוּ
미완료 단수 3.남	יִגְלֶה	יִגָּלֶה	יְגַלֶּה	יְגֻלֶּה	יִתְגַּלֶּה
3.여	תִּגְלֶה	תִּגָּלֶה	תְּגַלֶּה	תְּגֻלֶּה	תִּתְגַּלֶּה
2.남	תִּגְלֶה	תִּגָּלֶה	תְּגַלֶּה	תְּגֻלֶּה	תִּתְגַּלֶּה
2.여	תִּגְלִי	תִּגָּלִי	תְּגַלִּי	תְּגֻלִּי	תִּתְגַּלִּי
1.공	אֶגְלֶה ,אַגְלֶה	אֶגָּלֶה ,אַגָּלֶה	אֲגַלֶּה	אֲגֻלֶּה	אֶתְגַּלֶּה
복수 3.남	יִגְלוּ	יִגָּלוּ	יְגַלּוּ	יְגֻלּוּ	יִתְגַּלּוּ
3.여	תִּגְלֶינָה	תִּגָּלֶינָה	תְּגַלֶּינָה	תְּגֻלֶּינָה	תִּתְגַּלֶּינָה
2.남	תִּגְלוּ	תִּגָּלוּ	תְּגַלּוּ	תְּגֻלּוּ	תִּתְגַּלּוּ
2.여	תִּגְלֶינָה	תִּגָּלֶינָה	תְּגַלֶּינָה	תְּגֻלֶּינָה	תִּתְגַּלֶּינָה
1.공	נִגְלֶה	נִגָּלֶה	נְגַלֶּה	נְגֻלֶּה	נִתְגַּלֶּה
명령법 단수 2.남	גְּלֵה	הִגָּלֵה ,הִגָּל	גַּל ,גַּלֵּה		הִתְגַּלֵּה/גַּל
2.여	גְּלִי	הִגָּלִי	גַּלִּי		הִתְגַּלִּי
복수 2.남	גְּלוּ	הִגָּלוּ	גַּלּוּ		הִתְגַּלּוּ
2.여	גְּלֶינָה	הִגָּלֶינָה	גַּלֶּינָה		הִתְגַּלֶּינָה
지시법 3.남	יִגֶל	יִגָּל	יְגַל		יִתְגַּל
바브연속 미완료	וַיִּגֶל	וַיִּגָּל	וַיְגַל		וַיִּתְגַּל
청유법 단수 1.공					
바브연속 완료	וְגָלִיתָ	וְנִגְלֵיתָ	וְגִלִּיתָ		
부정사 연계형	גְּלוֹת	הִגָּלוֹת	גַּלּוֹת	גֻּלּוֹת	הִתְגַּלּוֹת
절대형	גָּלֹה	נִגְלֹה	גַּלֵּה	גֻּלֹּה	הִתְגַּלֵּה
분사 능동	גֹּלֶה/-לָה		מְגַלֶּה		מִתְגַּלֶּה
수동	קָשֶׁה/-שָׂה	נִגְלֶה		מְגֻלֶּה	

180

라멛-헤 동사 (계속)

	힢일	훞알	접속사가 붙은 형태	
완료 단수 3.남	הָגְלָה	הָגְלָה	칼,완료에 붙는 단수,1공	גְּלָנִי/גְּלָנִי
3.여	הִגְלְתָה	הָגְלְתָה	2남	גְלְךָ
2.남	הִגְלִיתָ/הִגְלִתָ	הָגְלֵיתָ	2여	גְלֵךְ
2.여	הִגְלִית/הִגְלֵית	הָגְלֵית	3남	גְלֵהוּ
1.공	הִגְלֵיתִי/הִגְלִיתִי	הָגְלֵיתִי	3여	גְּלָהּ
복수 3.공	הִגְלוּ	הָגְלוּ	복수,1공	גְּלָנוּ
2.남	הִגְלִיתֶם	הָגְלֵיתֶם	2남	
2.여	הִגְלִיתֶן	הָגְלֵיתֶן	2여	
1.공	הִגְלִינוּ	הָגְלֵינוּ	3남	גְלֵם
미완료 단수 3.남	יַגְלֶה	יָגְלֶה		
3.여	תַּגְלֶה	תָּגְלֶה	미완료에 붙는 단수,1공	יַגְלֵנִי
2.남	תַּגְלֶה	תָּגְלֶה	2남	יַגְלְךָ
2.여	תַּגְלִי	תָּגְלִי	2여	יַגְלֵךְ
1.공	אַגְלֶה	אָגְלֶה	3남	יַגְלֵהוּ
복수 3.남	יַגְלוּ	יָגְלוּ	3여	יַגְלֶהָ
3.여	תַּגְלֶינָה	תָּגְלֶינָה	복수,1공	יַגְלֵנוּ
2.남	תַּגְלוּ	תָּגְלוּ	2남	
2.여	תַּגְלֶינָה	תָּגְלֶינָה	2여	
1.공	נַגְלֶה	נָגְלֶה	3남	יַגְלֵם
명령법 단수 2.남	הַגְלֵה/הַגְל		3여	
2.여	הַגְלִי			
복수 2.남	הַגְלוּ		명령법에 붙는 단수,1공	גְּלֵנִי
2.여	הַגְלֶינָה		3남	גְלֵהוּ
지시법 3.남	יַגְל		3여	גְּלָהּ
바브연속 미완료	וַיַּגְל		복수,1공	גְּלֵנוּ
청유법 단수 1.공			3남	גְלֵם
바브연속 완료				
부정사 연계형	הַגְלוֹת	הָגְלוֹת		
절대형	הַגְלֵה	הָגְלֵה		
분사 능동	מַגְלֶה			
수동		מָגְלֶה		

페-눈 동사

	칼		닢알	힢일	훂알
완료 단수 3.남	(נִגַּשׁ)	נָפַל	נִגַּשׁ	הִגִּישׁ	הֻגַּשׁ
3.여	(נִגְּשָׁה)	נָפְלָה	נִגְּשָׁה	הִגִּישָׁה	הֻגְּשָׁה
2.남	(נִגַּשְׁתָּ)	נָפַלְתָּ	נִגַּשְׁתָּ	הִגַּשְׁתָּ	הֻגַּשְׁתָּ
2.여	이하 같은 패턴 변화	이하 같은 패턴 변화	이하 같은 패턴 변화	이하 같은 패턴 변화	이하 같은 패턴 변화
1.공					
복수 3.공					
2.남					
2.여					
1.공					
미완료 단수 3.남	יִגַּשׁ	יִפֹּל	יִנָּגֵשׁ	יַגִּישׁ	יֻגַּשׁ
3.여	תִּגַּשׁ	תִּפֹּל	תִּנָּגֵשׁ	תַּגִּישׁ	이하 같은 패턴 변화
2.남	תִּגַּשׁ	תִּפֹּל	תִּנָּגֵשׁ	תַּגִּישׁ	
2.여	תִּגְּשִׁי	תִּפְּלִי	תִּנָּגְשׁוּ	תַּגִּישִׁי	
1.공	אֶגַּשׁ	אֶפֹּל	אֶנָּגֵשׁ	אַגִּישׁ	
복수 3.남	יִגְּשׁוּ	יִפְּלוּ	יִנָּגְשׁוּ	יַגִּישׁוּ	
3.여	תִּגַּשְׁנָה	תִּפֹּלְנָה	תִּנָּגַשְׁנָה	תַּגֵּשְׁנָה	
2.남	תִּגְּשׁוּ	תִּפְּלוּ	תִּנָּגְשׁוּ	תַּגִּישׁוּ	
2.여	תִּגַּשְׁנָה	תִּפֹּלְנָה	תִּנָּגַשְׁנָה	תַּגֵּשְׁנָה	
1.공	נִגַּשׁ	נִפֹּל	נִנָּגֵשׁ	נַגִּישׁ	
명령법 단수 2.남	גַּשׁ, גְּשָׁה	נְפֹל	הִנָּגֵשׁ	הַגֵּשׁ	
2.여	גְּשִׁי	נִפְלִי	הִנָּגְשִׁי	הַגִּישִׁי	
복수 2.남	גְּשׁוּ	נִפְלוּ	הִנָּגְשׁוּ	הַגִּישׁוּ	
2.여	גַּשְׁנָה	נְפֹלְנָה	הִנָּגַשְׁנָה	הַגֵּשְׁנָה	
지시법 3.남		יִפֹּל		יַגֵּשׁ	
바브연속 미완료		וַיִּפֹּל		וַיַּגֵּשׁ	
청유법 단수 1.공	אֶגְּשָׁה	אֶפְּלָה		אַגִּישָׁה	
바브연속 완료	וְנִגַּשְׁתָּ	וְנָפַלְתָּ			
부정사 연계형	גֶּשֶׁת	נְפֹל	הִנָּגֵשׁ	הַגִּישׁ	הֻגַּשׁ
절대형	נָגוֹשׁ	נָפוֹל	הִנָּגֵשׁ	הַגֵּשׁ	הֻגֵּשׁ
분사 능동	נֹגֵשׁ	נֹפֵל		מַגִּישׁ	
수동	נָגוּשׁ		נִגָּשׁ		מֻגָּשׁ

페-눈 동사 (계속)

	칼		닢알		칼 수동태
완료 단수 3.남	נָתַן	לָקַח	נִתַּן	נִלְקַח	לֻקַּח
3.여	נָתְנָה	לָקְחָה	נִתְּנָה	נִלְקְחָה	לֻקְחָה
2.남	נָתַתָּ/־תָּה	לָקַחְתָּ	נִתַּתָּ	נִלְקַחְתָּ	לֻקַּחְתָּ
2.여	נָתַתְּ	이하 같은 패턴 변화	נִתַּתְּ	נִלְקַחַתְּ	לֻקַּחַתְּ
1.공	נָתַתִּי		נִתַּתִּי	נִלְקַחְתִּי	לֻקַּחְתִּי
복수 3.공	נָתְנוּ		נִתְּנוּ	נִלְקְחוּ	לֻקְּחוּ
2.남	נְתַתֶּם		נִתַּתֶּם	נִלְקַחְתֶּם	לֻקַּחְתֶּם
2.여					
1.공	נָתַנּוּ		נִתַּנּוּ	נִלְקַחְנוּ	לֻקַּחְנוּ
미완료 단수 3.남	יִתֵּן	יִקַּח	יִנָּתֵן	יִלָּקַח	יֻקַּח
3.여	תִּתֵּן	תִּקַּח	תִּנָּתֵן	תִּלָּקַח	תֻּקַּח
2.남	תִּתֵּן	תִּקַּח	תִּנָּתֵן	תִּלָּקַח	תֻּקַּח
2.여	תִּתְּנִי	תִּקְחִי	תִּנָּתְנִי	תִּלָּקְחִי	תֻּקְחִי
1.공	אֶתֵּן/־תְּנָה	אֶקַּח	אֶנָּתֵן	אֶלָּקַח	אֻקַּח
복수 3.남	יִתְּנוּ	יִקְחוּ	יִנָּתְנוּ	יִלָּקְחוּ	תֻּקְחוּ
3.여					
2.남	תִּתְּנוּ	תִּקְחוּ	תִּנָּתְנוּ	תִּלָּקְחוּ	תֻּקְחוּ
2.여					
1.공	נִתֵּן	נִקַּח	נִנָּתֵן	נִלָּקַח	נֻקַּח
명령법 단수 2.남	תֵּן/תְּנָה	קַח/קָחָה	הִנָּתֵן	הִלָּקַח	
2.여	תְּנִי	קְחִי	הִנָּתְנִי	הִלָּקְחִי	
복수 2.남	תְּנוּ	קְחוּ	הִנָּתְנוּ	הִלָּקְחוּ	
2.여					
지시법 3.남	יִתֵּן	יִקַּח			
바브연속 미완료	וַיִּתֵּן	וַיִּקַּח			
청유법 단수 1.공					
바브연속 완료					
부정사 연계형	תֵּת/תִּתִּי (נְתֹן)	לָקַחַת/קַחְתִּי	הִנָּתֵן	הִלָּקַח	
절대형	נָתוֹן	לָקוֹחַ	הִנָּתֹן		
분사 능동	נֹתֵן	לֹקֵחַ			
수동	נָתוּן	לָקוּחַ	נִתָּן	נִלְקָח	

페-후음 동사

구분	칼, 능동사		칼, 상태동사		닢알	
완료 단수 3.남	חָתַם	עָמַד	חָכֵם	חָזֵק 또는 חָזַק	נֶחְתַּם	נֶעֱמַד
3.여	חָתְמָה	עָמְדָה	이하 같은 패턴 변화			נֶעֶמְדָה
2.남	חָתַמְתָּ	עָמַדְתָּ				נֶעֱמַדְתָּ
2.여	חָתַמְתְּ	עָמַדְתְּ		이하 같은 패턴 변화		נֶעֱמַדְתְּ
1.공	חָתַמְתִּי	עָמַדְתִּי				נֶעֱמַדְתִּי
복수 3.공	חָתְמוּ	עָמְדוּ				נֶעֶמְדוּ
2.남	חֲתַמְתֶּם	עֲמַדְתֶּם				נֶעֱמַדְתֶּם
2.여	חֲתַמְתֶּן	עֲמַדְתֶּן				נֶעֱמַדְתֶּן
1.공	חָתַמְנוּ	עָמַדְנוּ				נֶעֱמַדְנוּ
미완료 단수 3.남	יַחְתֹּם	יַעֲמֹד	יֶחְכַּם	יֶחֱזַק		יֵעָמֵד
3.여	[תַּחְתֹּם]	תַּעֲמֹד	이하 같은 패턴 변화	תֶּחֱזַק		תֵּעָמֵד
2.남	תַּחְתֹּם/תַּחֲרֹשׁ	תַּעֲמֹד		תֶּחֱזַק		תֵּעָמֵד
2.여	[תַּחְתְּמִי]	תַּעַמְדִי		תֶּחֱזְקִי		תֵּעָמְדִי
1.공	אֶחְתֹּם	אֶעֱמֹד		אֶחֱזַק		אֵעָמֵד
복수 3.남	יַחְתְּמוּ	יַעַמְדוּ		יֶחֱזְקוּ		יֵעָמְדוּ
3.여	[תַּחְתֹּמְנָה]	תַּעֲמֹדְנָה		תֶּחֱזַקְנָה		תֵּעָמַדְנָה
2.남	תַּחְתְּמוּ	תַּעַמְדוּ		תֶּחֱזְקוּ		תֵּעָמְדוּ
2.여		תַּעֲמֹדְנָה		תֶּחֱזַקְנָה		תֵּעָמַדְנָה
1.공	נַחְתֹּם	נַעֲמֹד		נֶחֱזַק		נֵעָמֵד
명령법 단수 2.남	חֲתֹם	עֲמֹד	חֲכַם	חֲזַק		הֵעָמֵד
2.여		עִמְדִי	이하 같은 패턴 변화	חִזְקִי		הֵעָמְדִי
복수 2.남	חִלְקוּ	עִמְדוּ		חִזְקוּ		הֵעָמְדוּ
2.여		עֲמֹדְנָה		חֲזַקְנָה		הֵעָמַדְנָה
지시법 3.남	יַחְתֹּם	יַעֲמֹד	יֶחְכַּם	יֶחֱזַק		
바브연속 미완료	וַיַּחְתֹּם	וַיַּעֲמֹד	וַיֶּחְכַּם	וַיֶּחֱזַק		
청유법 단수 1.공		אֶעֶמְדָה				
바브연속 완료		וְעָמַדְתָּ				
부정사 연계형	חֲתֹם	עֲמֹד				הֵעָמֵד
절대형	חָתוֹם	עָמוֹד			נַחְתּוֹם	נַעֲמוֹד
분사 능동	חֹתֵם	עֹמֵד		חָזֵק		
수동	חָתוּם	עָמוּד			נֶחְתָּם	נֶעֱמָד

페-후음 동사 (계속)

	힢일		훞알		페-알렙, 칼
완료 단수 3.남	הֶחְתִּים	הֶעֱמִיד	הָחְתַּם	הָעֳמַד	אָכַל
3.여		הֶעֱמִידָה		הָעֳמְדָה	이하
2.남		הֶעֱמַדְתָּ		הָעֳמַדְתָּ	같은
2.여		הֶעֱמַדְתְּ		הָעֳמַדְתְּ	패턴
1.공		הֶעֱמַדְתִּי		הָעֳמַדְתִּי	변화
복수 3.공		הֶעֱמִידוּ		הָעֳמְדוּ	
2.남		הֶעֱמַדְתֶּם		הָעֳמַדְתֶּם	
2.여		הֶעֱמַדְתֶּן		הָעֳמַדְתֶּן	
1.공		הֶעֱמַדְנוּ		הָעֳמַדְנוּ	
미완료 단수 3.남		יַעֲמִיד		יָעֳמַד	יֹאכַל
3.여		תַּעֲמִיד		תָּעֳמַד	תֹּאכַל
2.남		תַּעֲמִיד		תָּעֳמַד	תֹּאכַל
2.여		תַּעֲמִידִי		תָּעֳמְדִי	תֹּאכְלִי
1.공		אַעֲמִיד		אָעֳמַד	אֹכַל
복수 3.남		יַעֲמִידוּ		יָעֳמְדוּ	יֹאכְלוּ
3.여		תַּעֲמֵדְנָה		תָּעֳמַדְנָה	תֹּאכַלְנָה
2.남		תַּעֲמִידוּ		תָּעֳמְדוּ	תֹּאכְלוּ
2.여		תַּעֲמֵדְנָה		תָּעֳמַדְנָה	תֹּאכַלְנָה
1.공		נַעֲמִיד		נָעֳמַד	נֹאכַל
명령법 단수 2.남		הַעֲמֵד			אֱכֹל
2.여		הַעֲמִידִי			אִכְלִי
복수 2.남		הַעֲמִידוּ			אִכְלוּ
2.여		הַעֲמֵדְנָה			אֱכֹלְנָה
지시법 3.남		יַעֲמֵד			
바브연속 미완료		וַיַּעֲמֵד			
청유법 단수 1.공		אַעֲמִידָה			
바브연속 완료					
부정사 연계형		הַעֲמִיד			אֱכֹל
절대형		הַעֲמֵד		הָעֳמֵד	אָכוֹל
분사 능동		מַעֲמִיד			אֹכֵל
수동				מָעֳמָד	

아인-후음 동사

	칼	닢알		피엘	
완료 단수 3.남	שָׁחַט(נָחַם)	נִשְׁחַט	נִחַם[52]	בֵּרֵךְ	נִחַם[53]
3.여	שָׁחֲטָה	נִשְׁחֲטָה		בֵּרְכָה/בֵּרֲכָה	
2.남	שָׁחַטְתָּ	נִשְׁחַטְתָּ		בֵּרַכְתָּ	
2.여	שָׁחַטְתְּ	נִשְׁחַטְתְּ		בֵּרַכְתְּ	
1.공	שָׁחַטְתִּי	נִשְׁחַטְתִּי		בֵּרַכְתִּי	
복수 3.공	שָׁחֲטוּ	נִשְׁחֲטוּ		בֵּרְכוּ/בֵּרֲכוּ	
2.남	שְׁחַטְתֶּם	נִשְׁחַטְתֶּם		בֵּרַכְתֶּם	
2.여	שְׁחַטְתֶּן	נִשְׁחַטְתֶּן		בֵּרַכְתֶּן	
1.공	שָׁחַטְנוּ	נִשְׁחַטְנוּ		בֵּרַכְנוּ	
미완료 단수 3.남	יִשְׁחַט	יִשָּׁחֵט	יִנָּחֵם	יְבָרֵךְ	יְנַחֵם
3.여	תִּשְׁחַט	תִּשָּׁחֵט		תְּבָרֵךְ	
2.남	תִּשְׁחַט	תִּשָּׁחֵט		תְּבָרֵךְ	תְּנַחֲמֵנִי[54]
2.여	תִּשְׁחֲטִי	תִּשָּׁחֲטִי		תְּבָרְכִי/תְּבָרֲכִי	
1.공	אֶשְׁחַט	אֶשָּׁחֵט		אֲבָרֵךְ	אֲנַחֶמְכֶם
복수 3.남	יִשְׁחֲטוּ	יִשָּׁחֲטוּ		יְבָרְכוּ/יְבָרֲכוּ	יְנַחֲמוּן
3.여	תִּשְׁחַטְנָה	תִּשָּׁחַטְנָה		תְּבָרֵכְנָה	
2.남	תִּשְׁחֲטוּ	תִּשָּׁחֲטוּ		תְּבָרְכוּ/תְּבָרֲכוּ	תְּנַחֲמוּנִי
2.여	תִּשְׁחַטְנָה	תִּשָּׁחַטְנָה		תְּבָרֵכְנָה	
1.공	נִשְׁחַט	נִשָּׁחֵט		נְבָרֵךְ	
명령법 단수 2.남	שְׁחַט	הִשָּׁחֵט	הִנָּחֵם	בָּרֵךְ	נַחֵם
2.여	שַׁחֲטִי	הִשָּׁחֲטִי		בָּרְכִי/בָּרֲכִי	
복수 2.남	שַׁחֲטוּ	הִשָּׁחֲטוּ		בָּרְכוּ/בָּרֲכוּ	
2.여	שְׁחַטְנָה	הִשָּׁחַטְנָה		בָּרֵכְנָה	
지시법 3.남	יִשְׁחַט	יִשָּׁחֵט			
바브연속 미완료	וַיִּשְׁחַט	וַיִּשָּׁחֵט			
미완료+접미사	יִשְׁחָטֵנִי				
바브연속 완료					
부정사 연계형	שְׁחֹט	הִשָּׁחֵט	הִנָּחֵם	בָּרֵךְ	
절대형	שָׁחוֹט	נִשְׁחוֹט		בָּרֵךְ	
분사 능동	שֹׁחֵט			מְבָרֵךְ	
수동	שָׁחוּט	נִשְׁחָט	נִחָם		

186

아인-후음 동사 (계속)

	푸알		히트파엘	
완료 단수 3.남	בֹּרַךְ	נֻחַם	הִתְבָּרֵךְ	הִתְנַחֵם
3.여	בֹּרְכָה		הִתְבָּרְכָה	
2.남	בֹּרַ֫כְתָּ		הִתְבָּרַ֫כְתָּ	
2.여	בֹּרַכְתְּ		הִתְבָּרַכְתְּ	
1.공	בֹּרַ֫כְתִּי		הִתְבָּרַ֫כְתִּי	
복수 3.공	בֹּרְכוּ		הִתְבָּרְכוּ	
2.남	בֹּרַכְתֶּם		הִתְבָּרַכְתֶּם	
2.여	בֹּרַכְתֶּן		הִתְבָּרַכְתֶּן	
1.공	בֹּרַ֫כְנוּ		הִתְבָּרַ֫כְנוּ	
미완료 단수 3.남	יְבֹרַךְ	יְנֻחַם	יִתְבָּרֵךְ	יִתְנַחֵם
3.여	תְּבֹרַךְ		תִּתְבָּרֵךְ	
2.남	תְּבֹרַךְ		תִּתְבָּרֵךְ	
2.여	תְּבֹרְכִי		תִּתְבָּרְכִי	
1.공	אֲבֹרַךְ		אֶתְבָּרֵךְ	
복수 3.남	יְבֹרְכוּ		יִתְבָּרְכוּ	
3.여	תְּבֹרַ֫כְנָה		תִּתְבָּרַ֫כְנָה	
2.남	תְּבֹרְכוּ		תִּתְבָּרְכוּ	
2.여	תְּבֹרַ֫כְנָה		תִּתְבָּרַ֫כְנָה	
1.공	נְבֹרַךְ		נִתְבָּרֵךְ	
명령법 단수 2.남			הִתְבָּרֵךְ	הִתְנַחֵם
2.여			הִתְבָּרְכִי	
복수 2.남			הִתְבָּרְכוּ	
2.여			הִתְבָּרַ֫כְנָה	
지시법 3.남				
바브연속 미완료				
청유법 단수 1.공				
바브연속 완료				
부정사 연계형	בֹּרַךְ	נֻחַם	הִתְבָּרֵךְ	הִתְנַחֵם
절대형				
분사 능동			מִתְבָּרֵךְ	מִתְנַחֵם
수동	מְבֹרָךְ	מְנֻחָם		

라멛-후음 동사

	칼	닢알	피엘	푸알
완료 단수 3.남	שָׁלַח	נִשְׁלַח	שִׁלַּח	שֻׁלַּח
3.여	שָׁלְחָה	נִשְׁלְחָה	שִׁלְּחָה	שֻׁלְּחָה
2.남	שָׁלַחְתָּ	נִשְׁלַחְתָּ	שִׁלַּחְתָּ	שֻׁלַּחְתָּ
2.여	שָׁלַחַתְּ	נִשְׁלַחַתְּ	שִׁלַּחַתְּ	שֻׁלַּחַתְּ
1.공	שָׁלַחְתִּי	נִשְׁלַחְתִּי	שִׁלַּחְתִּי	שֻׁלַּחְתִּי
복수 3.공	שָׁלְחוּ	נִשְׁלְחוּ	שִׁלְּחוּ	שֻׁלְּחוּ
2.남	שְׁלַחְתֶּם	נִשְׁלַחְתֶּם	שִׁלַּחְתֶּם	שֻׁלַּחְתֶּם
2.여	שְׁלַחְתֶּן	נִשְׁלַחְתֶּן	שִׁלַּחְתֶּן	שֻׁלַּחְתֶּן
1.공	שָׁלַחְנוּ	נִשְׁלַחְנוּ	שִׁלַּחְנוּ	שֻׁלַּחְנוּ
미완료 단수 3.남	יִשְׁלַח	יִשָּׁלַח	יְשַׁלַּח	יְשֻׁלַּח
3.여	תִּשְׁלַח	תִּשָּׁלַח	תְּשַׁלַּח	תְּשֻׁלַּח
2.남	תִּשְׁלַח	תִּשָּׁלַח	תְּשַׁלַּח	תְּשֻׁלַּח
2.여	תִּשְׁלְחִי	תִּשָּׁלְחִי	תְּשַׁלְּחִי	תְּשֻׁלְּחִי
1.공	אֶשְׁלַח	אֶשָּׁלַח	אֲשַׁלַּח	אֲשֻׁלַּח
복수 3.남	יִשְׁלְחוּ	יִשָּׁלְחוּ	יְשַׁלְּחוּ	יְשֻׁלְּחוּ
3.여	תִּשְׁלַחְנָה	תִּשָּׁלַחְנָה	תְּשַׁלַּחְנָה	תְּשֻׁלַּחְנָה
2.남	תִּשְׁלְחוּ	תִּשָּׁלְחוּ	תְּשַׁלְּחוּ	תְּשֻׁלְּחוּ
2.여	תִּשְׁלַחְנָה	תִּשָּׁלַחְנָה	תְּשַׁלַּחְנָה	תְּשֻׁלַּחְנָה
1.공	נִשְׁלַח	נִשָּׁלַח	נְשַׁלַּח	נְשֻׁלַּח
명령법 단수 2.남	שְׁלַח	הִשָּׁלַח	שַׁלַּח	
2.여	שִׁלְחִי	הִשָּׁלְחִי	שַׁלְּחִי	
복수 2.남	שִׁלְחוּ	הִשָּׁלְחוּ	שַׁלְּחוּ	
2.여	שְׁלַחְנָה	הִשָּׁלַחְנָה	שַׁלַּחְנָה	
지시법 3.남	יִשְׁלַח	יִשָּׁלַח	יְשַׁלַּח	
바브연속 미완료	וַיִּשְׁלַח	וַיִּשָּׁלַח	וַיְשַׁלַּח	
미완료+접미사	יִשְׁלָחֵנִי	יִשָּׁלְחֵנִי	יְשַׁלְּחֵנִי	
바브연속 완료				
부정사 연계형	שְׁלֹחַ	הִשָּׁלַח	שַׁלַּח	
절대형	שָׁלוֹחַ	נִשְׁלֹחַ	שַׁלֵּחַ	
분사 능동	שֹׁלֵחַ		מְשַׁלֵּחַ	
수동	שָׁלוּחַ	נִשְׁלָח		מְשֻׁלָּח

라멛-후음 동사 (계속)

	히트파엘	힢일	홒알
완료 단수 3.남	הִשְׁתַּלַּח	הִשְׁלִיחַ	הָשְׁלַח
3.여	הִשְׁתַּלְּחָה	הִשְׁלִיחָה	הָשְׁלְחָה
2.남	הִשְׁתַּלַּחְתָּ	הִשְׁלַחְתָּ	הָשְׁלַחְתָּ
2.여	הִשְׁתַּלַּחַתְּ	הִשְׁלַחַתְּ	הָשְׁלַחַתְּ
1.공	הִשְׁתַּלַּחְתִּי	הִשְׁלַחְתִּי	הָשְׁלַחְתִּי
복수 3.공	הִשְׁתַּלְּחוּ	הִשְׁלִיחוּ	הָשְׁלְחוּ
2.남	הִשְׁתַּלַּחְתֶּם	הִשְׁלַחְתֶּם	הָשְׁלַחְתֶּם
2.여	הִשְׁתַּלַּחְתֶּן	הִשְׁלַחְתֶּן	הָשְׁלַחְתֶּן
1.공	הִשְׁתַּלַּחְנוּ	הִשְׁלַחְנוּ	הָשְׁלַחְנוּ
미완료 단수 3.남	יִשְׁתַּלַּח	יַשְׁלִיחַ	יֻשְׁלַח
3.여	תִּשְׁתַּלַּח	תַּשְׁלִיחַ	תֻּשְׁלַח
2.남	תִּשְׁתַּלַּח	תַּשְׁלִיחַ	תֻּשְׁלַח
2.여	תִּשְׁתַּלְּחִי	תַּשְׁלִיחִי	תֻּשְׁלְחִי
1.공	אֶשְׁתַּלַּח	אַשְׁלִיחַ	אֻשְׁלַח
복수 3.남	יִשְׁתַּלְּחוּ	יַשְׁלִיחוּ	יֻשְׁלְחוּ
3.여	תִּשְׁתַּלַּחְנָה	תַּשְׁלַחְנָה	תֻּשְׁלַחְנָה
2.남	תִּשְׁתַּלְּחוּ	תַּשְׁלִיחוּ	תֻּשְׁלְחוּ
2.여	תִּשְׁתַּלַּחְנָה	תַּשְׁלַחְנָה	תֻּשְׁלַחְנָה
1.공	נִשְׁתַּלַּח	נַשְׁלִיחַ	נֻשְׁלַח
명령법 단수 2.남	הִשְׁתַּלַּח	הַשְׁלַח	
2.여	הִשְׁתַּלְּחִי	הַשְׁלִיחִי	
복수 2.남	הִשְׁתַּלְּחוּ	הַשְׁלִיחוּ	
2.여	הִשְׁתַּלַּחְנָה	הַשְׁלַחְנָה	
지시법 3.남	יִשְׁתַּלַּח	יַשְׁלַח	
바브연속 미완료	וַיִּשְׁתַּלַּח	וַיַּשְׁלַח	
미완료+접미사			
바브연속 완료			
부정사 연계형	הִשְׁתַּלַּח	הַשְׁלִיחַ	
절대형		הַשְׁלֵחַ	הָשְׁלֵחַ
분사 능동	מִשְׁתַּלַּח	מַשְׁלִיחַ	מֻשְׁלָח
수동			

라멛-알렢 동사

	칼		닢알	피엘
완료 단수 3.남	מָצָא	מָלֵא	נִמְצָא	מִצֵּא
3.여	מָצְאָה	מָלְאָה	נִמְצְאָה	מִצְּאָה
2.남	מָצָאתָ	מָלֵאתָ	נִמְצֵאתָ	מִצֵּאתָ
2.여	מָצָאת	מָלֵאת	נִמְצֵאת	מִצֵּאת
1.공	מָצָאתִי	מָלֵאתִי	נִמְצֵאתִי	מִצֵּאתִי
복수 3.공	מָצְאוּ	מָלְאוּ	נִמְצְאוּ	מִצְּאוּ
2.남	מְצָאתֶם	מְלֵאתֶם	נִמְצֵאתֶם	מִצֵּאתֶם
2.여	מְצָאתֶן	מְלֵאתֶן	נִמְצֵאתֶן	מִצֵּאתֶן
1.공	מָצָאנוּ	מָלֵאנוּ	נִמְצֵאנוּ	מִצֵּאנוּ
미완료 단수 3.남	יִמְצָא	יִמְלָא	יִמָּצֵא	יְמַצֵּא
3.여	תִּמְצָא	תִּמְלָא	תִּמָּצֵא	תְּמַצֵּא
2.남	תִּמְצָא	תִּמְלָא	תִּמָּצֵא	תְּמַצֵּא
2.여	תִּמְצְאִי	תִּמְלְאִי	תִּמָּצְאִי	תְּמַצְּאִי
1.공	אֶמְצָא	אֶמְלָא	אֶמָּצֵא	אֲמַצֵּא
복수 3.남	יִמְצְאוּ	יִמְלְאוּ	יִמָּצְאוּ	יְמַצְּאוּ
3.여	תִּמְצֶאנָה	תִּמְלֶאנָה	תִּמָּצֶאנָה	תְּמַצֶּאנָה
2.남	תִּמְצְאוּ	תִּמְלְאוּ	תִּמָּצְאוּ	תְּמַצְּאוּ
2.여	תִּמְצֶאנָה	תִּמְלֶאנָה	תִּמָּצֶאנָה	תְּמַצֶּאנָה
1.공	נִמְצָא	נִמְלָא	נִמָּצֵא	נְמַצֵּא
명령법 단수 2.남	מְצָא	מְלָא	הִמָּצֵא	מַצֵּא
2.여	מִצְאִי	מִלְאִי	הִמָּצְאִי	מַצְּאִי
복수 2.남	מִצְאוּ	מִלְאוּ	הִמָּצְאוּ	מַצְּאוּ
2.여	מְצֶאנָה	מְלֶאנָה	הִמָּצֶאנָה	מַצֶּאנָה
지시법 3.남	יִמְצָא	יִמְלָא	יִמָּצֵא	
바브연속 미완료	וַיִּמְצָא	וַיִּמְלָא	וַיִּמָּצֵא	
바브연속 완료	וּמָצָאתָ	וּמָלֵאתָ	וְנִמְצֵאתָ	וּמִצֵּאתָ
미완료+접미사	יִמְצָאֵנִי	יִמְלָאֵנִי		יְמַצְּאֵנִי
부정사 연계형	מְצֹא	מְלֹא	הִמָּצֵא	מַצֵּא
절대형	מָצוֹא	מָלוֹא	נִמְצֹא	מַצֵּא
분사 능동	מֹצֵא	מָלֵא		מְמַצֵּא
수동	מָצוּא		נִמְצָא	

라멛-알렢 동사 (계속)

	푸알	히트파엘	힢일	홒알
완료 단수 3.남	מֻצָּא	הִתְמַצֵּא	הִמְצִיא	[הֻמְצָא]
3.여	מֻצְּאָה	[הִתְמַצְּאָה]	הִמְצִיאָה	הֻמְצְאָה
2.남	מֻצֵּאתָ	[הִתְמַצֵּאתָ]	הִמְצֵאתָ	[הֻמְצֵאתָ]
2.여	מֻצֵּאת	[הִתְמַצֵּאת]	הִמְצֵאת	[הֻמְצֵאת]
1.공	מֻצֵּאתִי	הִתְמַצֵּאתִי	הִמְצֵאתִי	[הֻמְצֵאתִי]
복수 3.공	מֻצְּאוּ	הִתְמַצְּאוּ	הִמְצִיאוּ	[הֻמְצְאוּ]
2.남	מֻצֵּאתֶם	[הִתְמַצֵּאתֶם]	הִמְצֵאתֶם	[הֻמְצֵאתֶם]
2.여	מֻצֵּאתֶן	[הִתְמַצֵּאתֶן]	הִמְצֵאתֶן	[הֻמְצֵאתֶן]
1.공	מֻצֵּאנוּ	[הִתְמַצֵּאנוּ]	הִמְצֵאנוּ	[הֻמְצֵאנוּ]
미완료 단수 3.남	יְמֻצָּא	יִתְמַצֵּא	יַמְצִיא	יֻמְצָא
3.여	[תְּמֻצָּא]	תִּתְמַצֵּא	תַּמְצִיא	תֻּמְצָא
2.남	[תְּמֻצָּא]	תִּתְמַצֵּא	תַּמְצִיא	תֻּמְצָא
2.여	[תְּמֻצְּאִי]	[תִּתְמַצְּאִי]	תַּמְצִיאִי	תֻּמְצְאִי
1.공	[אֲמֻצָּא]	[אֶתְמַצֵּא]	אַמְצִיא	אֻמְצָא
복수 3.남	[יְמֻצְּאוּ]	יִתְמַצְּאוּ	יַמְצִיאוּ	יֻמְצְאוּ
3.여	[תְּמֻצֶּאנָה]	[תִּתְמַצֶּאנָה]	תַּמְצֶאנָה	תֻּמְצֶאנָה
2.남	[תְּמֻצְּאוּ]	תִּתְמַצְּאוּ	תַּמְצִיאוּ	תֻּמְצְאוּ
2.여	[תְּמֻצְּאוּ]	[תִּתְמַצֶּאנָה]	תַּמְצֶאנָה	תֻּמְצֶאנָה
1.공	[נְמֻצָּא]	[נִתְמַצֵּא]	נַמְצִיא	נֻמְצָא
명령법 단수 2.남		[הִתְמַצֵּא]	הַמְצֵא	
2.여		[הִתְמַצְּאִי]	הַמְצִיאִי	
복수 2.남		[הִתְמַצְּאוּ]	הַמְצִיאוּ	
2.여		[הִתְמַצֶּאנָה]	הַמְצֶאנָה	
지시법 3.남			יַמְצֵא	
바브연속 미완료			וַיַּמְצֵא	
바브연속 완료				
미완료+접미사			יַמְצִיאֵנִי	
부정사 연계형		הִתְמַצֵּא	הַמְצִיא	הֻמְצָא
절대형			הַמְצֵא	
분사 능동		מִתְמַצֵּא	מַמְצִיא	
수동	מְמֻצָּא			מֻמְצָא

아인-아인 동사

	칼, 행동사		칼, 상태동사		닢알
완료 단수 3.남	(סַב) סָבַב		קַל	מַל	נָסַב
3.여	(סַבָּה) סָבְבָה		קַלָּה		נָסַבָּה
2.남	סַבֹּותָ		קַלֹּותָ		נְסַבֹּותָ
2.여	סַבֹּות		קַלֹּות		נְסַבֹּות
1.공	סַבֹּותִי		קַלֹּותִי		נְסַבֹּותִי
복수 3.공	(סַבּוּ) סָבְבוּ		קַלּוּ		נָסַבּוּ
2.남	סַבֹּותֶם		קַלֹּותֶם		נְסַבֹּותֶם
2.여	סַבֹּותֶן		קַלֹּותֶן		נְסַבֹּותֶן
1.공	סַבֹּונוּ		קַלֹּונוּ		נְסַבֹּונוּ
미완료 단수 3.남	יָסֹב	יִסֹּב	יֵקַל	יִמַּל	יִסַּב
3.여	תָּסֹב	תִּסֹּב	תֵּקַל	תִּמַּל	תִּסַּב
2.남	תָּסֹב	תִּסֹּב	תֵּקַל	תִּמַּל	תִּסַּב
2.여	תָּסֹּבִי	תִּסְּבִי	תֵּקַלִּי	תִּמַּלִי	תִּסַּבִי
1.공	אָסֹב	אֶסֹּב	אֵקַל	אֶמַּל	אֶסַּב
복수 3.남	יָסֹּבּוּ	יִסְּבוּ	יֵקַלּוּ	יִמַּלוּ	יִסַּבּוּ
3.여	תְּסֻבֶּינָה	תִּסֹּבְנָה	תִּקַלֶּינָה	תִּמַּלְנָה	תְּסַבֶּינָה
2.남	תָּסֹּבּוּ	תִּסְּבוּ	תֵּקַלּוּ	תִּמַּלוּ	תִּסַּבּוּ
2.여	תְּסֻבֶּינָה	תִּסֹּבְנָה	תִּקַלֶּינָה	תִּמַּלְנָה	תְּסַבֶּינָה
1.공	נָסֹב	נִסֹּב	נֵקַל	נִמַּל	נִסַּב
명령법 단수 2.남	סֹב				הִסַּב
2.여	סֹבִּי				הִסַּבִּי
복수 2.남	סֹבּוּ				הִסַּבּוּ
2.여	סֻבֶּינָה				הִסַּבֶּינָה
지시법 3.남	יָסֹב	יִסֹּב	יֵקַל	יִמַּל	
바브연속 미완료	וַיָּסָב	וַיִּסֹּב	וַיֵּקַל	וַיִּמַּל	
청유법 단수 1.공	אָסֹּבָה	אֶסְּבָה	אֵקַלָּה	אֶמְלָה	
바브연속 완료	וְסַבֹּותָ				
부정사 연계형	סֹב		קַל קַל		הִסֵּב
절대형	סָבֹוב		קָלֹול		הִסֹּוב
분사 능동	סֹובֵב		קַל קַלָּה		
수동	סָבוּב				נָסָב/נְסַבָּה

아인-아인 동사 (계속)

	힢일	훞알	강의, 능동	강의, 수동
완료 단수 3.남	הֵסֵב	הוּסַב	סוֹבֵב	סוֹבַב
3.여	הֵסַבָּה	הוּסַבָּה	סוֹבְבָה	[סוֹבְבָה]
2.남	הֲסִבּוֹתָ	[הוּסַבּוֹתָ]	סוֹבַבְתָּ	[סוֹבַבְתָּ]
2.여	הֲסִבּוֹת	[הוּסַבּוֹת]	סוֹבַבְתְּ	[סוֹבַבְתְּ]
1.공	הֲסִבּוֹתִי	[הוּסַבּוֹתִי]	סוֹבַבְתִּי	[סוֹבַבְתִּי]
복수 3.공	הֵסַבּוּ	הוּסַבּוּ	סוֹבְבוּ	[סוֹבְבוּ]
2.남	הֲסִבּוֹתֶם	[הוּסַבּוֹתֶם]	סוֹבַבְתֶּם	[סוֹבַבְתֶּם]
2.여	הֲסִבּוֹתֶן	[הוּסַבּוֹתֶן]	סוֹבַבְתֶּן	[סוֹבַבְתֶּן]
1.공	הֲסִבּוֹנוּ	[הוּסַבּוֹנוּ]	סוֹבַבְנוּ	[סוֹבַבְנוּ]
미완료 단수 3.남	יָסֵב ,יַסֵב	יוּסַב/יֻסַב	יְסוֹבֵב	[יְסוֹבַב]
3.여	תָּסֵב	[תּוּסַב]	תְּסוֹבֵב	[תְּסוֹבַב]
2.남	תָּסֵב	[תּוּסַב]	תְּסוֹבֵב	[תְּסוֹבַב]
2.여	תָּסֵבִּי	[תּוּסַבִּי]	[תְּסוֹבְבִי]	[תְּסוֹבְבִי]
1.공	אָסֵב	[אוּסַב]	[אֲסוֹבֵב]	[אֲסוֹבַב]
복수 3.남	יָסֵבּוּ	יוּסַבּוּ	יְסוֹבְבוּ	[יְסוֹבְבוּ]
3.여	תְּסֻבֶּינָה	[תּוּסַבֶּינָה]	[תְּסוֹבֵבְנָה]	[תְּסוֹבַבְנָה]
2.남	תָּסֵבּוּ	[תּוּסַבּוּ]	תְּסוֹבְבוּ	[תְּסוֹבְבוּ]
2.여	תְּסֻבֶּינָה	[תּוּסַבֶּינָה]	[תְּסוֹבֵבְנָה]	[תְּסוֹבַבְנָה]
1.공	נָסֵב	[נוּסַב]	[נְסוֹבֵב]	[נְסוֹבַב]
명령법 단수 2.남	הָסֵב		סוֹבֵב	
2.여	הָסֵבִּי		[סוֹבְבִי]	
복수 2.남	הָסֵבּוּ		[סוֹבְבוּ]	
2.여	הֲסִבֶּינָה		[סוֹבֵבְנָה]	
지시법 3.남				
바브연속 미완료				
청유법 단수 1.공				
바브연속 완료				
부정사 연계형	הָסֵב	הוּסַב	סוֹבֵב	
절대형	הָסֵב		סוֹבֵב	[סוֹבֵב]
분사 능동	מֵסֵב/מְסִבָּה		מְסוֹבֵב	
수동		מוּסָב		מְסוֹבָב

동사 변화표 – 미주

49 아인-바브 동사의 강의형 능동은 '피엘'과 병행되는 stem으로서 세 가지 형태가 있다. 피엘과 유사한 קַיֵּם 과 pollel과 pilpel 줄기가 있다. 이들은 모두 '피엘'과 똑같이 '능동 강의'의 의미를 갖는다.

50 아인-바브 동사의 강의형 수동은 '푸알'과 병행되는 stem으로서 두 가지 형태가 있다. 이를 가리켜 polal과 polpal이라 부른다. 이들은 모두 '수동 강의'의 의미를 갖는다.

51 아인-바브 동사의 강의형 수동은 '히트파엘'과 병행되는 stem으로서 세 가지 형태가 있다. '히트파엘'과 유사한 הִתְקַיֵּם과 hithpolel과 hithpolpel 줄기가 있다. 이들은 모두 '히트파엘'과 같은 '재귀 강의'의 의미 를 갖는다.

52 본래 기대되는 형태는 נִנְחַם이지만 ח 때문에 dagesh forte implicitum이 된다.

53 결과적으로 '닢알' 형태와 같다. ח가 파타흐를 좋아하고 dagesh forte implicitum이 된 결과이다.

54 נחם의 피엘 미완료는 모두 목적격 접미어 또는 nun paragogicum과 함께 나타난다.

참고문헌

서한원, 이양묵 저.『알기 쉬운 새히브리어 교본』. 서울: 성지출판사, 1995.

이영근 편저.『히브리어 문법 해설』. 서울: 비블리카 아카데미아, 2006.

박미섭 저.『성서 히브리어 문법』. 서울: 한국성서학연구소, 2021.

Mauchline, John. *Davidson's Introductory Hebrew Grammar*. Edinburgh: T. & T. Clark, 1978.

Joüon, Paul and Muraoka, T. *A Grammar of Biblical Hebrew*. Roma: Editrice Pontificio Istituto Biblico, 1996.

Cowley, A. E. ed. *Gesenius' Hebrew Grammar*. Oxford: Clarendon Press, 1980.

Meyer, Rudolf. *Hebräische Grammatik*. Berlin, New York: Walter de Gruyter, 1992.

빌루, 예호슈아.『토랏 하헤게 베하쭈롯』. 예루샬람임: 후짜앗 하키부츠 하메우하드, 1972(히브리어).

저자 소개

이양묵

장로회신학대학교 기독교교육과(B.A.)와 신학대학원(M.Div.) 졸업 후 동 대학원에서 구약학(Th.M.)을 전공하였다. 그 후 이스라엘로 유학하여 10여 년간 수학하였다. 히브리대학교 석사과정에서 아시리아학(Assyriology)을 공부하고(M.A.) 박사과정에서 성서 히브리어를 수학한 후, 다시 한국으로 돌아와 장로회 신학대학교에서 구약학으로 박사학위(Ph.D.)를 마쳤다. 여수 돌산읍제일교회에서 담임목사로 사역하였고, 현재는 서울샬롬교회를 개척하여 사역하고 있으며, 장로회신학대학교에서 다년간 히브리어를 가르치고 있다. 저서로는 『알기쉬운 새히브리어 교본』(공저), 『히브리적 관점에서 본 창세기 다시보기 1』, 『히브리어로 읽는 마태복음 1』이 있다.

배정훈

서울대학교 항공공학과(B.E.), 장로회신학대학교(M.Div., Th.M.), 미국 프린스톤신학교(Th.M.)를 거쳐 미국 버클리 연합신학대학원(GTU, Ph.D.)에서 수학했다. 대전신학대학교 교수를 역임하고, 현재 장로회신학대학교 구약학 교수, 한국성서학연구소 소장으로 재직하고 있다. 주요 저서는 『그의 나라는 영원한 나라이라: 설교를 위한 다니엘서 연구』(2007), 『대예언서』(2007), 『정경해석 방법으로 바라본 묵시문학』(2008), 『하늘에서 오는 지혜: 잠언, 전도서, 욥기에 대한 정경적 이해』(2013), 『다니엘서 주석』(2016), 『황폐한 성소에 주의 얼굴빛을 비추소서!: 포로 시대와 팬데믹 시대를 위한 다니엘서 읽기』(2022), 『거룩의 여정』(2022) 등이 있다.

서한원

장로회신학대학교 신학과(Th.B.)와 신학대학원(M.Div.)을 졸업하고 영국 스펄전신학대학 대학원에서 수학한 후, 영국 이민법률을 공부하고 영국 이민법 전문가로 현재 영국 내무부 공인 법률인으로 일하고 있다. 또 장로회신학대학교 원어성서연구회 창립 구성원이자 회장을 역임했고, 장신대, 총신대 등 전국 신학대학에서 히브리어와 헬라어 문법을 오랫동안 강의했으며, 합덕제일교회 담임목사를 역임했다. 저서로는 『알기쉬운 새히브리어 교본』(공저), 『신약성서 헬라어』, 『서한원 히브리어 강의 테이프(90분용 16개)』, 『서한원 헬라어 강의 테이프(90분용 24개)』 등이 있다.

히브리어 핵심 문법 해설

초판 1쇄 인쇄 2024년 10월 10일
초판 1쇄 발행 2024년 10월 20일

지은이 이양묵 · 배정훈 · 서한원
펴낸이 김지철
펴낸곳 도서출판 한국성서학
등록 제2022-000036호 (1991. 12. 21.)
주소 서울시 광진구 광장로5길 25(광장동), 2층
전화 02-6398-3927
이메일 bibleforum@bibleforum.org
홈페이지 www.bibleforum.org
총판 비전북(전화 031-907-3927 / 팩스 031-905-3927)
인쇄 · 제본 성광인쇄

ISBN 979-11-91619-24-9 93230

값 18,000원